华 业 ◎ 编著

从小培养

清华男孩的23堂课

石油工业出版社

图书在版编目（CIP）数据

从小培养清华男孩的23堂课 / 华业编著.
北京：石油工业出版社，2011.1
ISBN 978-7-5021-8188-8

Ⅰ．从…
Ⅱ．华…
Ⅲ．家庭教育
Ⅳ．G78

中国版本图书馆CIP数据核字（2010）第250081号

从小培养清华男孩的23堂课

华业　编著

出版发行：石油工业出版社
　　　　　（北京安定门外安华里2区1号楼　100011）
　　　　　网　　址：www.petropub.com.cn
　　　　　编辑部：（010）64523643　营销部：（010）64523603
经　　销：全国新华书店
印　　刷：天津冠豪恒胜业印刷有限公司

2011年5月第1版　2020年4月第2次印刷
710×1000毫米　开本:1/16　印张：16
字数：230千字

定价：48.00元
（如出现印装质量问题，我社发行部负责调换）

Preface
前言

　　每一个男孩都是降落到人间的天使，是上帝赐予父母的最好礼物。男孩，不管是从人们传统的传宗接代观念讲，还是从他们将来要承担的社会责任来看，都是历来受到家长和社会普遍偏向所关注的一个群体。从男孩出生在父母眼前的那一刻，父母们就尽一切可能为他们提供最优越的成长条件，苦思冥想地为他们设计各种各样的人生道路，希望他们有一个不平凡的未来。每一个男孩都像宝贝一样被千般宠爱、万般呵护着。可是在现实生活中，我们非常遗憾地看到，许多男孩并没有沿着父母期望的轨道前进，比如：有的男孩胆小懦弱，缺乏阳刚之气；有的男孩拖沓懒散，缺乏积极向上的朝气；有的男孩处处依赖别人，缺乏独立自主的能力；还有的男孩调皮捣蛋，缺乏教养和礼貌……面对男孩成长过程中出现的这诸多问题，父母不仅焦灼忧虑，而且疑窦重重：在教育孩子的问题上应该从何处着手，采取何种有效措施，把握怎样的重点和方向，才能把孩子培养成为一个健康向上、积极乐观、拥有成功潜质的优秀男孩呢？

　　孔子说："工欲善其事，必先利其器。"唯一的方法就是教育。在当今这个知识经济时代，只有知识才是改变人生命运的关键之门，而能打开这扇大门的钥匙只有一把——教育。

　　提及教育，人们自然而然地会想到诸如清华、北大之类的知名院校。在我国，成千上万的孩子及家长都在孜孜不倦，以求成就自己的"清华梦"！

　　成就"清华梦"，虽非易事，但也绝非无章可循、无路可走。

树立正确、先进的教育理念是首重。教育理念是做好教育工作的前提，是一切教育工作的灵魂。这包括树立正确的学生观、人才观、人生观、价值观，等等。

其次，要讲究方法，方法是实现目标的手段，是把梦想付诸实践的步骤和措施。正确的方法可以使你事半功倍，错误的方法则会让你事倍功半。"天下没有完全相同的两片树叶"，教育方法要因人而异、因材施教。作为教师和家长，应具体问题具体分析，根据孩子不同的心理特点、兴趣爱好采取不同的教育方法。

英国教育家巴卢 H说："教育始于母亲膝下，孩童耳听一言一语，均影响其性格的形成。"父母是孩子的第一任老师，是孩子未来性格的奠基人。在日常生活中，父母的一言一行都会对孩子产生耳濡目染、潜移默化的影响，所以，父母要为孩子做典范、树榜样，以自己的言传身教来引导和教育孩子。

荀子说："骐骥一跃，不能十步；驽马十驾，功在不舍；锲而舍之，朽木不折；锲而不舍，金石可镂。"教育是一个循序渐进、逐步积累的过程，不能急于求成，不能冒进。很多父母总是抱怨男孩为什么这么难管难教啊，他们一直在寻找一种速成的，可以一劳永逸的教育方法，然而世界上根本没有哪一种方法可以速成和一劳永逸，只有从孩子小时候开始，逐渐进行点点滴滴的培植、浇灌，才有可能把孩子培养成为一棵茁壮的"清华之苗"。

本书是为所有父母精心编写的教育丛书之一，针对培养男孩过程中出现的问题和现象，书中采用了大量的教育实例，配以精辟透彻的分析，为父母提供更加实用、更具针对性的指导。本书不仅从细节方面对男孩的生理和心理特点做了深入分析，还从宏观的角度为父母介绍了相关的教育理念，教育方法。本书语言通俗易懂、见解独到精辟，适合父母们在家庭教育中使用。

培养清华男孩，不仅需要各位父母的精心培育，更需要孩子自身的努力和相关教育部门及专业人员的大力辅助。真诚地希望本书能给各位父母带去一些借鉴，一些启发，一些感悟，去探索和挖掘孩子身上更大的潜力，争取把他们培养成为"清华精英"，让他们拥有一个辉煌卓越、美丽幸福的人生！

Contents
目录

第一堂课

清华男孩，应该从小就有男子汉气概

　　男孩就要有个男孩样，尤其是要做"清华之子"的男孩！父母要从小培养男孩的男子汉气概，就不要过分地宠爱、娇惯他们，更不能无条件地顺从他的意思，要适当进行"挫折教育"，让男孩在挫折面前学会坚强。但不要因此压抑男孩的个性发展，要学会培养男孩的坚强、勇敢、宽容、豁达和敢于承担责任的男子汉气概。

1. "儿子，跌倒了，自己爬起来"

> 爱孩子，就不能惯着孩子。过分地溺爱，无条件地顺从他的意思，这样最终只会害了他，因为这些都是父母不经意间给男孩挖的温柔陷阱，他会很容易陷落"温柔之乡"从而无法自拔。这是男孩成长道路上的严重误区。父母要学会对男孩进行"挫折教育"，在他们很小的时候就要告诉他们，"跌倒了，自己要勇敢地爬起来！"

每个人的人生道路都难免会遇到这样或那样的荆棘和坎坷；在短暂的一生中都会经历无数次的跌倒和挫折，但是每个人只有在跌倒中才能学会走路。一个人经历的挫折越多，他往往越坚强，越有韧性，心智也就越成熟。

当今独生子女居多，所以父母以及爷爷奶奶对这一个孩子就特别地溺爱，当孩子在玩耍中不小心跌倒时，大人第一反应就是焦急地疾步上前扶起孩子，一边拍打孩子身上的泥土，一边心疼地安慰道："别哭，别哭，宝宝摔疼了吗？"或是埋怨道："怎么这么不小心呀！"结果往往是孩子听到大人的话语后，似乎觉得异常委屈，哭得更加厉害了。

家长的溺爱不是真正的"爱"孩子，而是在"害"孩子，因为这样只能滋生男生的惰性思想，渐渐养成凡事都要依赖父母的习惯，变得弱不禁风，没有主见，不能自己处理事情，更不能独立面对自己的人生和坦然迎接风雨。不经历挫折的男生往往没有毅力，不够坚强。当有一天男生真正遇到挫折和困难时，就会处理的一团糟，甚至可能栽个大跟头后再也爬不起来。家长太会保护男生只能让男生丧失保护自己的能力，更不用指望有一天他会保护家长。

男孩在学行走过程中跌倒是最正常不过的事情，父母要学会放手让他自己走路，不要总是不忍心放开扶他的手。也许你认为，跌倒了，让他自己站起来，不去理他是很残忍的做法。但必要的人生挫折教育，将使他不会再次跌倒在下一个人生路口。如果你总是保护着他，不让他受一点点辛苦或伤害，那么他将永远不知道该如何避免危险，永远不知道跌倒了该怎么爬起来，更失去了"吃一堑长一智"的机会。所以男孩跌倒了，不必急着去扶，这样才能让您的孩子更早地学会独立，学会坚强和担当。

一位有经验的家长这样坦言：

儿子磊磊上小学的时候一直是班长，可是到了初中，在一次竞选中落选了，他觉得很没面子，感觉很伤自尊，和同学们也渐渐疏远了，学习也不像以前那样努力了。

本来儿子就读的这所学校中的老师跟我很熟，按常理我可以试着去跟老师说说，给他补个什么职务，照顾照顾他的"面子"。但是，我没有这么做，而是采取"袖手旁观"的态度，决定让他经受点"挫折"，因为我知道如果儿子不能从这里爬起来，以后遇到再大的挫折就更难爬起来了，父母总不可能一直陪在他身边的。所以，必须让他意识到遇到挫折并不可怕，跌倒了也没什么大不了，任何人都有过失败。如果想得到同学们的认可，重新当上班长。自暴自弃，自怨自艾是不行的。从哪里跌倒就要从哪里爬起来，必须在这次失败中总结出教训，学会分析和思考，学会坚强，看到自身的不足，善于取长补短，通过自己的努力敢于再一次去挑战失败。歌德曾经说过："挫折是通向成功的桥梁。"海岸上没有礁石就激不起美丽的浪花，人生中没有挫折就无法显示生命的壮丽！

跌倒者坚持自己爬起来，才能成为生活的强者，人生旅途的胜利者。所以父母必须对孩子进行"挫折教育"，让孩子在挫折中磨炼意志，锻炼

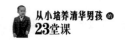

品质，培养思考能力。

父母对男生进行"挫折教育"必须从小做起，这样才能更有效地锻炼他对挫折的承受能力，父母可以通过故意设置一些难度不等的情景，让男生逐步经受磨炼，有目的地去培养他的耐挫力。

情景一：假装健忘。

妈妈（或者爸爸）故意跟儿子说，把玩具落在储物间了，需要请他自己去拿。其实，玩具并不在那里，当儿子找不到又回来问你时，可以跟他说，妈妈（或者爸爸）记错了，然后，再说另一个地方，还是让他自己去找。结果找到了，这时家长要夸儿子能干细心，还有宽容心，可以原谅家长的粗心。

情景二：不当和事老。

当孩子之间发生争执时，父母不要急着出来当和事佬，尤其是男生之间发生争执时，他们往往有自己的解决方式，不要在不明事理的情况下，把小事判错，剥夺了男生自行解决问题的权力和两个孩子和好的机会。

比如：两个小男生在为由谁当奥特曼而争得面红耳赤，甚至动起手来了。那个被推倒在地的男生很不服气："有本事就比掰手腕，谁赢谁就当奥特曼！""比就比！"没想到，结果还真是那个被推翻在地的男生赢了。不过输的那个也是输得心服口服，心甘情愿沦为"怪兽"。而这种解决问题的好方法绝不是父母能马上想到的。

情景三：给男生创造独立空间。

现在大多数独生子女的父母都太宠爱自己的孩子，在生活中处处把孩子作为重心，所以导致很多男生根本不能忍受不被重视的情况发生。父母有时候应该适时、适当地忽视他，让他自己学会调整心态，比如，当你有很多事情要处理时，可以请男生自己在房间里玩，告诉他不要打扰父母，等半个小时之后一定会来陪他。父母一定要给男生创造独睡、独玩、独立完成"工作"的时间和环境，一旦男生沉浸于独乐的状态时，父母也不要轻易去打搅他。

情景四：带他体验"艰苦"。

不要对男生百依百顺，不让他们做任何事情，舒适、平静、安稳的生活，很难培养男生吃苦耐劳的精神。可以带两岁左右的小男生出去散散步或是郊游，要养成让他自己背包包（放点常用物品）的习惯，尽量让他自己走，让他明白累一点没关系，坚持自己走是一件很值得骄傲的事！等小男生大点时，还可以专门带他吃一次"忆苦饭"，让男生知道父母曾经的不容易，让他懂得幸福是要靠自己奋斗才能得来的。不要舍不得给男生一个锻炼的机会。

情景五：在游戏中锻炼他的胆量。

有些男生胆子很小，不敢在众人面前说话，不敢参加表演，不敢参加有难度的体育活动，摔了跤还要哭鼻子;怕黑，不敢一个人在房间里睡觉等等。对于胆小的男生，父母要分析原因，找出合适的锻炼方式。比如，可以陪孩子一起做"躲猫猫"的游戏。让爸爸在一个房间，妈妈带着小男生躲在另一个黑暗的房间，让爸爸慢慢地摸索着找到母子，找到以后，给他一个拥抱。然后互换，让爸爸躲在一个黑暗的房间里，妈妈带小男生一起去找，肯定可以找到。重复游戏若干次后，让小男生自己试试在黑暗中找到父母，找到后要夸奖和鼓励一下他，孩子就会适应漆黑的环境，胆量变大。

由此可见，"跌倒了"让他自己爬起来，才是对男生真正的爱，这虽是一种"隐形的爱"，但却充满了无穷的力量。

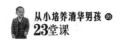

2. 提早进行性别教育，男孩就要有"阳刚之气"

目前，有一种非常让人担忧的现象：很多男孩说起话来嗲声嗲气，做起事来扭扭捏捏，稍稍不如意便娇滴滴地哭起来……男孩本应有的那种坚强、勇敢、豁达、宽容、敢于承担责任的阳刚之气荡然无存。男孩生性好动、顽皮、爱捣乱，还有点野性，但我们绝不能因此压抑男孩子的个性发展，既然是男孩就要有男孩的阳刚之气，因此培养男孩成为真正的男子汉是每个家长不可推卸的责任。

俗话说："三岁看小，七岁看老"。如果父母在男生很小时不注意对他进行正确的性别教育，很有可能会影响他未来的发展和个性的形成。

一位梁女士忧心忡忡地述说："我儿子都5岁了，满口港台腔，说话嗲声嗲气，老是蹦出'嘛、啦、呀'这些语气词。我丈夫做生意，经常不在家，最近发现儿子喜欢撒娇，动不动就说一些十分女孩子气的话"。她很担心儿子这样下去会变成娘娘腔。无独有偶，一位何先生也表示，他的儿子性格欠刚强、不够独立，一遇到问题就哭鼻子流眼泪。

据有关资料显示，如今，在很多中小学中有近三成左右的男生有不同程度地缺乏"阳刚之气"，他们的打扮花里胡哨，说话细声细气，动作扭扭捏捏，性格文静柔弱，心理承受力脆弱……男生越来越多地成了"娘娘腔"，并且中性化形象大行其道。2006年，由上海东方卫视主办的《加油好男儿》全国演艺选秀过程中，那些外形阳刚硬气的选手纷纷落马，而"中性美男"却高歌猛进，硬是接连闯入"9强""5强"。媒体的误导，商业的包装，乌合之众的嘈囔下，很多人的审美标准正在被颠覆着，正在娱乐的狂欢中扭曲着自己的审美和认知。如果说女生的"野蛮"形象是社会的一种进步的话，那么，男生的"娘娘腔"形象恐怕没有那么乐观。

很多在幼儿园和中小学工作的老师说，"你只要到中小学校去看看，就能看到很多秀气文静的男孩，男生有不同程度女性化的倾向，这是一个非常令人担忧的现象。""有时想搞个活动，想选拔出一个像样的男孩子都难，现在的男孩子都怎么了？勇猛劲还不如女生。"一位高中学校的校长对这种现象也颇为担忧，他说，男孩子女性化的比例在逐年增大，初中、高中要比小学严重。这是明显的性别教育缺失造成的。可怕的是，很多家庭，尤其是父亲们还没有意识到这一点！

很多家长无原则地溺爱儿子，不让他干任何家务，不允许他顽皮捣蛋，家长都喜欢听话的孩子，老师也喜欢听话的孩子，在这种传统的"听话"教育中，不仅磨灭了男孩本应有的个性，还使他们的自信心受到重创，使得原有的创新能力和创新意识受到严重的打击……前不久，就有报道称，一位学生因为有上课"乱发言"的"毛病"，在上海一重点中学被当做了"标准的差生"，受到了老师严厉的批评和指责。然而，在美国，这种"毛病"却被称做"天才"而大受鼓励。美国的创新能力为何如此之强？据说，在美国，老师绝不会把听话当做学生的优点，他们甚至鼓励学生"恶作剧"，有些校园中还有专供学生"恶作剧"的场所，由此培养学生的创新精神与创新能力。这就是为什么在科技领域的新发现中，美国科学家总是独占鳌头。我们不能把男生培养成一个听话的"娘娘腔"，就要提早对他进行性别教育。

其实，男生的"阳刚之气"既是一种先天的气质，也是后天培养的结果。所以，当男生很小时就要有意识地在一些行为习惯上培养他的男子汉气概。要正确地引导和耐心地教育，引导男生参加体育运动，多参与家

庭事务，多了解些"男子汉"的故事。当你的儿子乱发脾气或者动不动就哭时，不要一味指责"这样不对"、"再这样妈妈（或爸爸）就不要你了"，而应该告诉他"儿子，你已经长大了，要像个男子汉！"

在美国，凡是有孩子的家庭，几乎每个周末都被安排得"满满当当"的。斯密斯博士有4个孩子，他们都是从3岁开始参加体操训练，尤其是对两个儿子的要求更是严格。虽然那么小的年龄，学也学不到什么，无非是举举手弯弯腰什么的，但斯密斯博士从没让孩子缺席。当儿子长大到四五岁时，又开始了足球训练，并且，在这个年龄段，在不同的季节，还安排了有垒球、游泳、篮球等训练。他想从小培养儿子的顽强、韧性、胆量和责任心。

不要浪费男生先天的身体素质和特长，不要恶意破坏他们的天性和禀赋，让他们参与体育运动和集体活动，在活动中以及和周围人群的接触中让他逐渐找到自己的角色特点和性格特点，学会从男性的角度来思考和处理问题，懂得真正的"男子汉"应该做些什么！

另外，造成现在男生女性化最重要的原因是很多家庭中父亲忙于事业、生意和应酬，母亲承担了大部分管教孩子的责任。父亲角色在教育中的严重缺位，对于男生的个性成长是非常不利的。专家就曾指出，"从婴儿时期的喂养到幼儿园、小学、初中阶段的学校教育，我们的孩子现在受到的母性教育已经够多了。如果在家里父亲再放弃教育的责任，男孩从小到大受到的是一系列的女性教育，哪还会有阳刚之气？假如孩子缺少男性教育，孩子的性格、情感、意志就都会受到一定的影响。"缺少父爱的孩子比其他孩子的发育都要差，无论是在智力还是在个性上。据研究，一天与父亲接触至少两个小时的男生，和一星期与父亲接触不到6小时的男生相比，前者不仅更聪明，而且人际关系处理得更融洽。父亲的教育更有助于男生健全的人格和自主能力的培养，父亲对男生潜移默化的影响和父亲特有的威严更有助于培养男生的阳刚之气。

好爸爸要胜过100位教师，我们都知道达·芬奇是位享誉世界的大画家，但是却不知道他的父亲彼特罗是怎样培养出这么一位天才的。彼特罗培养孩子的信条是：给孩子最大的自由，让孩子发展自己的兴趣。6岁那年，达·芬奇上学了，在学校里要学很多知识，但他对绘画尤为感兴趣。有一天，他上课时不专心听讲，而是给老师画了一幅速写。回家后，达·芬奇把速写拿给父亲看，父亲不仅没有生气，反而夸奖他画得很好，并决定培养他在这方面的能力。正是因为父亲如此开明，达·芬奇才能全身心投入到自己喜爱的绘画中。16岁那年，父亲把达·芬奇带到画家维罗奇奥那里学画画。在维罗奇奥的指导下，达·芬奇刻苦学习，掌握了很多绘画技巧，终于成为一代大师。

父母要提早对男生进行性别教育，男生要像男生，要有阳刚之气，要坚强、有韧性、有耐力、有自信心和责任感等等，要培养男生的男子汉气概，不要老是惯着他和教训他听话。男生就要有自己的思想和见解，有自己的担当和气概，这样才能培养出真正的男子汉。

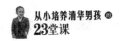

3. 别为小事斤斤计较，男孩要有容人之度

> 俗话说："宰相肚里能撑船"，什么样的男孩最有魅力？那就是有容人之量，不会凡事都斤斤计较的男孩！所以，父母一定要注重从小培养自己孩子的男子汉风度，教育他们学会尊重他人，尊重自己；理解他人，谦虚礼让；不要为琐事斤斤计较，做一个宽容大度，眼光长远的男子汉，这才不愧为"清华之子"！

俗话说："小不忍则乱大谋"，成大事者，往往不拘小节，更不会在小事情上斤斤计较。日常生活中也是这样，"金无足赤，人无完人"，每个人都不可避免会有一些过失，如果我们总是拘泥于那些小节，纠缠在一些琐碎的小事上，就会无法顾全大局，阻碍自己的成功。所以，父母要教育男生学会宽恕待人，要有容人之雅量。要让男生多发现别人的优点和长处，学会换位思考，学会多角度想问题，不要囿于狭隘和自私的缝隙当中，被表面和肤浅的东西所蒙蔽。

宽容是一个人应该具备的品德，也是一种明智的处事原则。一个男生如果拥有一颗宽容之心，那么他将赢得更多的朋友，在人际交往中更得心应手，人生的道路将更加顺利和平坦。

宽容就是不要斤斤计较、耿耿于怀，有时朋友之间需要相互体谅，相互忍耐，宽容别人也是宽容自己，对别人多一点宽容，我们的生命中也就少一点阴霾，宽容会让男孩的心头永远是一片晴天。要让男孩懂得宽容并非懦弱，而是一种坚强，一种以退为进，一种积极的防御，是"大丈夫拿得起，放得下"的气概。"泰山不让土壤，故能成其大；河海不择细流，故能成其深。"这才是男子汉真正的气度。

有一次，敬爱的周总理正在理发，当理发师给他刮胡须时，总理突然不小心咳嗽了一声，结果理发师的刀子立即把他的脸给刮破了。理发师十分紧张，不知所措，连忙给总理赔不是……

但是，令他惊讶的是，周总理并没有责怪他，反而和蔼地对他说："这并不怪你，我咳嗽前没有向你打招呼，你怎么知道我要动呢？"周总理就是用这样一种宽容的态度来对待别人的过失，他能客观地看待别人的错误行为，而不会在小事上计较太多，这既是一种胸襟又是一种肚量。

父母教育男生时要特别重视对他的"宽容"教育，不要养成他霸道、自私的性格，孩子的宽容心是一种非常珍贵的品质，这种品质对于孩子个性的健康发展，尤其是情感的健康发展，以及对于孩子良好人际关系的建立有着非常重要的意义。因为，富有宽容心的男生往往心地善良，性情温和，惹人喜爱，受人拥护。

一位翻译曾讲过这样一个故事。

那年，我正在泰国的一个度假村里担任中英文的翻译，有一天，我正在大厅里等人，突然看见一位满脸歉意的工作人员正在安慰一位大约4岁的西方小男孩。小男孩似乎饱受惊吓，已经哭得筋疲力尽了。问明原因之后，我才知道，原来那天小孩较多，这位工作人员一时疏忽，在儿童的网球课结束后，少算了一位，结果就把这位小男孩留在了网球场上。等她发现人数不对，才赶快跑到网球场，将这位小孩带回来。小男孩因为一人在偏远的网球场，饱受惊吓，伤心大哭。

这时，孩子的妈妈出现了，看着儿子哭得惨兮兮的，很心疼，但是她既没有很生气地将孩子带走、并打算从此再也不参加"儿童俱乐部"了，也没有痛骂那位工作人员，也没有直接向主管抗议。而是蹲下来安慰4岁的小男孩，并理性地告诉他："已经没事了！那位姐姐因为找不到你而非常地紧张难过。她不是故意的，现在你必须亲亲那位姐姐的脸颊，安慰她一下！"

当时只见那位4岁的小男孩踮起脚尖，亲了亲蹲在他身旁的工作人员的

脸颊，并且轻轻地告诉她："不要害怕，已经没事了。"

就是这样的教育，才能培养出宽容、体贴的孩子。

现在的孩子大多是独生子女，日常生活中，很多父母都担心自己的孩子吃亏或者受委屈，于是，当孩子在学校受了委屈向大人诉说时，大人总是教育孩子："别人对不起你，你就对不起他，别人打你，你就打他。"其实，这样教育孩子只会令他与同学之间的关系更糟糕，还会影响到男生将来人际关系的处理，甚至影响孩子日后的夫妻关系。

因此，教会男生学会宽容，不仅是为了他今天能处理好同学关系，同样也是为了他的学习，为了他将来能有所作为，为了他的幸福生活打基础。

那么，作为父母应该从哪些方面入手对男孩进行宽容教育呢？

首先，父母必须言传身教，以身作则，男生的宽容之心最主要的来源就是父母。因为男孩最初是从父母那里学习待人接物的方式的。父母宽容、大度、遇事不斤斤计较，与邻里、同事之间融洽相处，孩子就会学着父母的样子处理同学之间的关系，也会变得宽容、好善、乐于与人相处。

其次，带男生多参加一些社会活动，鼓励他多参加一些学校组织的活动和社区活动，这样可以开阔孩子的视野，让孩子广交朋友，多见世面，对于培养他的度量是大有好处的。另外，多带孩子为孤寡老人做些好事，对于培养他们宽厚的仁爱之心大有裨益。

再次，可以带男生进行长途或者短途的旅行，让孩子适当地接触异地的风土人情，孩子会逐渐明白"入乡随俗"是对他人行为习惯的理解和尊重。逐渐学会尊重他人、理解他人，学会不必事事较劲、较真。

另外，当男生的认识出现偏激和偏差时，不要直接否定他，这样他是难以接受的。父母可以尝试与孩子探讨，比如，可以从电影、电视节目中，电脑游戏中引出一个话题，与孩子共同探讨，让他畅所欲言，在讨论中对他适时地进行思想教育。

宽容，是一种气度和胸襟，宽容的人能赢得别人的尊重和理解。父母要学会培养男生的宽容之心，教育他与人相处时，要有宽广的胸怀和容人的气量，遇事时，要识大体顾大局，不要在斤斤计较中错失自己人生的机遇。

第二堂课

健康的体魄，男孩进军清华的革命本钱

身体是革命的本钱，对每一位欲进军清华的男孩来讲，健壮的身体是首要的资本。父母关心孩子首先就要从餐桌开始，给他们制定合理的膳食和营养搭配计划，同时要多带男孩参加体育锻炼，培养他们战胜挫折、克服困难的体力和魄力，不要让他们无意中沾染上一些坏习惯，努力去培养和造就他们良好的习惯。

1. 关心男孩的身体健康，父母要从餐桌开始

　　每一个做父母的，都希望自己的男孩有一个健康的身体。人们常说："身体是革命的本钱"，健康对每一个人来说都是弥足珍贵的，尤其是对于正处在成长期的男孩，健康的身体是他们美好未来的基础和前提。很多父母觉得现在生活条件好了，孩子不愁吃不愁穿，身体肯定没问题。然而，大量事实表明，营养过剩、肥胖、营养不均衡、个子矮小……这些症状现在正困扰着大量孩子和家长，所以，男孩的身体健康问题不容忽视。关心孩子的身体健康，父母就要从餐桌开始抓起。

　　在新华网曾有这样一则报道说，对青少年的体质检测表明：青少年学生的部分体能素质指标近２０年来持续下降；超肥胖学生的比例迅速增加，城市中超重与肥胖的男生已接近四分之一；中学生的视力不良率已经超过三分之二，大学生的视力不良率高达83%；在2005年高校招生中，有85%的考生报考专业受限；在近两年的征兵工作中，有67.3%的高中毕业生体检不合格。

　　为什么生活越好，孩子的身体素质反而越差了呢？很多家长坦言，现在孩子的课业负担越来越重，压力也越来越大，他们像个小大人似的，每天早出晚归。来不及好好吃饭，有时急急匆匆地拿块面包或者啃块方便面充饥，有的孩子甚至不吃早饭，这样，久而久之，不仅会耽误了正在发育期的男生的成长，还会影响智力的发展。

饮食在青少年时期，对一个男生非常重要，父母必须科学地为您的孩子打造合理的膳食，科学地安排好他的一日三餐，这样才有助于他身体健康地成长。那么想要这样就必须做到以下几点：

（1）给孩子做的菜一定要注意营养搭配，不要随便凑合。比如，粗粮和细粮的搭配，荤菜和素菜的搭配，各种营养要全面。不要因为孩子想吃什么就给他做什么，不要养成他挑食的习惯，更不能抱着"有无营养皆可，填饱肚子就行"的态度做饭，这种做法是不负责任的，会耽误孩子的成长。所以，家长最好制定一个简单可行的饮食计划。

（2）教育您的孩子吃饭要定时定量，不要暴饮暴食。一日三餐都很重要。尤其是早餐，它可以对一夜的身体消耗进行补充，又会为上午的半天学习和活动所耗的营养做储备，长期不吃早餐会造成肠胃结石、贫血，甚至导致昏厥，不要以为男生比女生身体强壮就没事，医生指出，不吃早餐对男生的影响和女生是一样的。中餐处于一天中人体消耗最大的上下午之交，是下午半天所耗能量的主要来源。因而，一日三餐要做到"早餐吃好，中餐吃饱，晚餐吃少"。另外，不要让孩子暴饮暴食，这样只会造成他的消化不良，特别是晚餐过饱对身体更为不利。

（3）每餐尽量让食物的品种多样化一些，这样既可为孩子提供丰富全面的营养，又可调剂孩子的胃口，增进孩子的食欲。父母注意变换食物的花样，尽量避免食物上的"老面孔"，三餐的主食和菜谱都应有变化，并尽可能做到色香味美。这样既可保证孩子身体所需的各种营养，又可避免孩子厌食、挑食。

（4）对于成长期的男生，一定要多给他们补充一些含有蛋白质、脂肪、无机盐的食物，比如，鱼、肉、蛋、奶、豆类、蔬菜等等。但是，各种营养的摄入量一定要均衡，否则，过多或过少的摄入，都会影响孩子的身体健康，或引发疾病。比如过多的摄入糖和脂肪会使孩子肥胖，但过少又影响他们身体的成长和发育，使他们体重下降，身高受到限制。

另外，男生在上学读书过程中，除了费脑力外，眼睛也是最疲劳的。营养不良也可以使视力下降，眼睛疲劳常见症状是头痛、前额部发胀、眼睛发干，长期的眼睛疲劳，还可引起视力减退、学习和工作的效率降低。

所以，必须注意给孩子补充一些对眼睛、对视力有益的食物。那么对眼睛有益的食物又有哪些呢？如瘦肉、禽肉、动物的内脏、鱼虾、奶类、蛋类、豆类等，里面含有丰富的蛋白质，而蛋白质又是组成细胞的主要成分，组织的修补更新需要不断地补充蛋白质。

另外，含有维生素A的食物对眼睛也非常有益，它可以预防和治疗眼干燥症，长期食用还可以消除眼睛的疲劳。但是，当一个人缺乏维生素A的时候，就会导致眼睛对周围黑暗环境的适应能力减退，严重的时候还容易患夜游症，所以，家长一定要保证孩子每天摄入足够的维生素A。维生素A的最好来源是各种动物的肝脏、鱼肝油、奶类和蛋类，以及蔬菜瓜果，比如菠菜、韭菜、苋菜、青椒、胡萝卜、红心白薯、橘子、杏子、柿子等。

含有维生素C的食物对眼睛也有益。维生素C是组成眼球水晶体的成分之一，如果缺乏维生素C就会很容易患水晶体浑浊的白内障病。所以，父母一定要保证孩子在每天的饮食中，摄取含维生素C丰富的食物，比如，黄瓜、鲜枣、小白菜、菜花、青椒、生梨、橘子等这些新鲜蔬菜和水果。

此外，丰富的钙粉对眼睛也是有好处的，钙具有消除眼睛紧张的作用，如豆类、绿叶蔬菜、虾皮含钙量都比较丰富。烧排骨汤、糖醋排骨等烹调方法可以增加钙的含量。

总之，对于正处于成长期的男生，父母一定要特别注意对孩子进行合理的膳食和营养搭配。关爱孩子，从餐桌上开始！

2. 用体育锻炼铸造他们的男子汉气概

男孩并非天生就是坚强、勇敢的，有时他们也会很脆弱、怯懦；男孩不是铁打、钢铸的，他们也会疲劳、生病，所以，父母要学会带领孩子进行体育锻炼。体育锻炼不仅可以增强他们的体质，促进他们的身心健康，还可以培养他们战胜挫折、克服困难的男子汉魄力。

面对自家的"与众不同"的男生，家长不可表现出异样，更不可用"你怎么就不像个男孩"、"别整天跟个女孩一样"等语言来刺激他们，这样只会使他们感到更加无助。面对这样的男生，家长应该做的是：带他们去打篮球、踢足球、跑步和游泳等等，参加一些体育锻炼，把他们身上的男子汉气质激发出来。

一位爸爸这一点做得很成功，他在自己的教子日记里这样写道：

儿子从小就很羞涩、腼腆，甚至不敢和同伴一块说话和玩耍，为了使儿子变得胆大起来，我决定带他去参加体育锻炼，并有意加入一些训练勇气的项目，比如，打沙袋、练习碰撞、玩勇敢者游戏等等。孩子渐渐地喜欢在游戏里自我较量，在较量中孩子不但增长了力气，而且学会了保护自己，也变得开朗、胆大不少。

当然，孩子在体育锻炼中不免会遇到受伤的时候。一次，儿子在玩滑梯时，不小心把膝盖磨掉了一层皮。当时，小家伙抱着膝盖，眼泪马上就要掉下来，此时，我没有大惊小怪，也没有去哄他，而是一边帮他处理伤口，一边对他说："儿子，你是小小男子汉了，受点小伤就哭鼻子，会被别的小朋友耻笑的。再说，以后爸爸、妈妈还要依靠你保护呢？如果你是勇敢、坚强的男子汉，就对爸爸笑一笑。"儿子听完含着眼泪笑了起来。

这一次教育对儿子起了很大的作用，从那以后，儿子受一点小伤不再告诉我，甚至他自己还学会了包扎伤口。

当男孩的勇气一点点增加时，他的胆子就会一点点大起来。而且，随着孩子勇气的增加，他会变得越来越坚强，越来越有男子汉气概。

但是，父母要注意区分孩子身上的特点，对于不同特点的孩子，要选择不同的体育项目。比如，有些男孩急躁易怒，有些男孩腼腆胆怯，有些男孩孤独自闭，有些男孩自负好强……所以，就要因人而异，通过不同的体育锻炼来发掘男孩身上的潜在能力，培养他们坚强、勇敢、机敏、不怕困难、勇于开拓等男性品质。

如果您的儿子急躁易怒，一遇到事情，就手忙脚乱，情绪特别容易冲动，还动辄发怒打人，那么，你就应该教他下棋、打太极拳、慢跑等，这些项目能帮助他调节神经活动，稳定情绪，增强自我控制能力，使男生急躁易怒的弱点得到克服。

如果您的儿子腼腆胆怯，不敢和同伴玩耍，不善与人交谈，遇到困难总是"哭鼻子"或者求助父母，那么你应该选择"西点军校"式的军规训练，严格要求儿子，坚持带他每天跑一定公里的路程，带他去练习打沙包，练跆拳道，摔跤等等，让他不断克服各种胆怯心理，培养他勇敢、无畏的精神去战胜困难。等他经过一段时间的锻炼，动作熟练后，他的胆量自然会放大，处事也老练成熟许多。

如果您的儿子有些孤独自闭，不太合群，不太习惯与同伴交往，那么你就应该选择足球、篮球、排球及拔河这些集体性的项目让他参加。经常接受这些项目的锻炼，可以帮助孩子慢慢改变孤僻的性格，逐步适应与同伴交往，同时，在交往中同伴也会慢慢感染他，使他慢慢改变自己现在的性格。

如果您的儿子有些自负好强，习惯争强好胜，还容易骄傲自满，那么你就应该选择一些难度系数比较大、动作比较复杂的技巧性运动，比如跳水、体操、艺术体操、街舞等项目，也可找一些实力水平超过他的跟他打乒乓球、羽毛球，以不断提醒他"山外有山，人外有人"，教导他凡事不服输，但不能过于自信和骄傲自满，要不断努力学习，突破自我和超越更强的人。

如果您的儿子遇事紧张焦虑，尤其是越重要的事情越容易紧张失常，那么你就应该带他多参加一些公开、激烈的体育比赛，特别是公开的足球、篮球、排球等项目的正式比赛。因为赛场上形势多变，比赛紧张激烈，只有冷静沉着地应付，才能取得优势。若经常在这种激烈的场合中接受锻炼，遇事就不会过分紧张，更不会惊慌失措。

当然，想要通过体育锻炼来促进孩子的身体健康和治疗孩子的心理疾病，必须使每次的锻炼达到一定的运动量和强度，而且运动量要从小到大，循序渐进，时间要根据实际情况自己把握好。

对男孩要苛刻一些，让他们接受锻炼，在锻炼中男孩更容易成长。多让男孩进行体育锻炼，不仅有助于他魁梧身材的塑造和力量的培养，还会让他们在锻炼中找到自己的角色定位，增强自己作为男子汉的责任感，成为一个正直、勇敢、热情、开朗、富有同情心的男子汉。

3. 让他养成良好的习惯胜过你的唠叨

俗话说："训子千遍不如培养一个好习惯"，习惯不仅是一个人的修养、素质的体现，同时也会影响一个人的人生。好的习惯可以成为你成功的垫脚石，使你更上层楼；而坏的习惯则会成为你成功的绊脚石，让你功败垂成。男孩在小的时候具有很强的可塑性，一旦长大了，很多业已形成的习惯就会积重难返，所以，父母一定要在孩子很小的时候就注意培养男孩的好习惯，不要让他们沾染那些坏习惯。

很多家长抱怨，自己的儿子都5岁了，什么都好，就是有个特别的毛病——每天晚上睡觉前都要人帮他抓痒，如果不抓就睡不着觉。有的父母甚至说，自己的儿子上大学了，还这样。这的确是个坏习惯，这种行为在心理学上讲，可称之为强迫症，是以强迫观念和强迫动作为主要表现的一种神经症。它还会表现为：经常没有必要地反复做某些事情，例如检查门窗，开关，煤气，钱物，文件，表格，信件等；穿衣，清洗，吃饭，走路时要遵循特殊的顺序；有洁癖、幻想症、电邮综合征、自慰过度等等；有时还会毫无原因地破坏某些物品，或伤害他人。

上述例子就属于儿童强迫症，据国外报道，儿童强迫症是强迫症的一种，是一种明知不必要，但又无法摆脱，反复呈现的观念、情绪或行为。在儿童期，强迫行为多于强迫观念，年龄越小这种倾向越明显，尤其多见于10-12岁的儿童，但是患儿智力大多是正常的。

帮男生改掉这个坏习惯，其实并不难，父母可以通过"转移注意力"的方法，比如给他讲故事，说些开心的事情，或者用奖励的方法鼓励他自己克服，但是要把握好分寸，用适当的态度对他，不要过于严肃和长篇大论地给他讲道理，也不要追根究底，强求他改变，总之，关爱他但不是顺从他。让他多参加一些集体性活动或者文体性的活动，做一些感兴趣的事情，培养新的生活爱好，慢慢地把原来那些不好的嗜好改掉。

此外，男生在生活中总是粗枝大叶，不拘小节，所以作为父母的一定要帮助孩子改掉那些不良的习惯。以下我们总结了男生容易犯的十大不良习惯，可能会对孩子的身体健康造成损害。

（1）暴饮暴食，会折腾坏胃，造成胃粘膜的破坏，使胃的分泌功能和蠕动节律都发生紊乱，导致胃部疾患；最近医学研究显示，15岁到50岁之间，男女胃溃疡和十二指肠溃疡的发病率为6.2：1。不要以为男生的胃就比女生强健，经常不吃饭或者暴饮暴食，再强健的胃也受不了这样的折腾，一定要叮嘱他们按时吃饭，定时定量，不要等到有一天，孩子淌着虚汗到医院检查时才后悔莫及。

（2）长期饱食，吃得太饱对身体也不好，这样会导致脑动脉硬化、脑早衰和智力减退等现象，非常不利于孩子的学习。所以，适当控制孩子的饮食量，可以少食多餐，营养丰富一些。

（3）不要忽视早餐，不吃早餐使人的血糖低于正常供给，对大脑的营养供应不足，久之对大脑有害，而且不吃早餐的人往往带有口气，孩子再急也要让他吃点早餐。

（4）长期吸烟，男生到了一定年龄出于某种心理原因往往会染上吸烟的坏习惯，常年吸烟会使脑组织呈现不同程度萎缩，随着年龄的增大还可

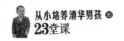

能患上老年性痴呆。父母要以身作则，给孩子起好带头的作用，不要把自己的坏习惯传染给下一代。

（5）睡眠不足，男孩子天生体力好，又好动，精力很旺盛，习惯一块和哥们几个通宵达旦地玩游戏，打扑克，聊天……如果长期睡眠不足或睡眠质量太差，就会加速脑细胞的衰老和死亡，聪明的人也会糊涂起来，睡眠是消除大脑疲劳的最主要方式，比吃任何营养的东西都管用。

（6）有些男生少言寡语，不善言谈，给人很"酷"的感觉，但是医学表明，经常说富有逻辑的话会促进大脑的发育和锻炼大脑的功能，不仅可以锻炼一个人的口才，还能增强人的沟通和交际能力。

（7）不要蒙头睡觉，把被子捂在脑袋上，会让你呼吸不畅，并且随着棉被中你呼出的二氧化碳浓度升高，氧气浓度不断下降，长时间吸进潮空气，对大脑危害极大。

（8）甜食过量，男生在幼小的时候都喜欢吃糖，但是甜食过量不仅对牙齿有害，而且会使儿童的智商降低。因为过量地食用甜食会减少对高蛋白和多种维生素的摄入，导致机体营养不良，从而影响大脑发育。

（9）不愿动脑，很多男生虽然很聪明，但是很懒，不愿动脑。不愿动脑的情况只能是加速大脑的退化，聪明人也会变得愚笨，只有思考才是锻炼大脑的最佳方法。

（10）带病用脑，在身体不适或患疾病时，勉强坚持学习或工作，不仅效率低下，而且容易造成大脑损害。

根据美国心理学家拉施里的动物记忆实验，行为主义心理学认为，一种行为重复21天就会变成初步习惯，90天的重复会形成稳定的习惯。也就是说，初步养成一个习惯需要21天，而形成一个稳定的习惯需要90天，坚持的时间越长习惯越牢。所以，父母要警惕孩子的一些不良习惯，帮助他们摆脱那些恶习，让他们养成良好的习惯。良好的习惯可以通过训练来达到，孩子越小越容易培养，越小可塑性越强。比如，你的儿子放学回来首先要看动画片，不做作业，等吃完晚饭该做作业的时候，他又犯困，不想做。如果你纵容他，就会导致他天天出现这样的情况，最后形成懒惰、不爱学习的坏习惯。但是，假如你第一次就告诉他："儿子，听你同学说你在学校表现特别棒，不仅每天能按时完成作业，而且还完成的特别好，不要骄傲，继续努力，先去做作业，做完我们再看动画片，好吗？"……监督孩子这样做一个月，慢慢地他就会形成先做作业，再看电视的好习惯。

习惯决定孩子的命运，家长培养孩子最有效的途径就是从培养他的行为做起。培养孩子一种好习惯，比任何方式的教育都管用。

第三堂课

好品德，男孩走入清

华要树立的第一形象男孩，长得再英俊也不如有个好品德。良好品德会让男孩不断地升值，会让男孩的形象更加高大，更值得别人信赖和尊敬，更贴近"清华之子"的称誉。父母要注重男孩的品德教育。男孩要有一诺千金的气概，扬善弃恶的道义，会合作、能分享的品质。若男孩身上有傲慢、懒惰、自私、狭隘等坏品质的迹象，父母一定要及时予以纠正和教导。

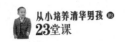

1. 不要让你的"无私"教出"自私"的儿子

自私是一种不成熟，不负责任的思想和行为。自私的男孩过分关心自己，只注重自己的快乐和幸福，从不考虑他人的情绪和感受，即使是自己的亲人、朋友也不例外；自私的男孩傲慢、无理、懒惰不懂得孝顺；自私的男孩只知道索取不知道回报，只知道爱自己，不知道爱别人……如果父母由于放纵，不予以及时纠正，这种自私心理就会严重危害到男孩的成长。

很多人可能都有过这样的经历，想要从一个三四岁的孩子手上拿走玩具或食物绝非易事。这与瑞士的一项最新研究成果不谋而合。据报道，研究表明，人并非天生就会分享，实际上，三四岁的儿童最自私，等到他们长至七八岁时，才慢慢变得慷慨起来。所以，父母必须在孩子的这个年龄段对他进行耐心的教育。在孩子的成长过程中，道德品行事关孩子一生的前程，是最重要的原则问题，父母千万不可懈怠疏忽。

一位母亲最近很苦恼，因为她发现自己的孩子越来越自私，有好吃的都霸着自己吃，不给伙伴也不给父母，有好玩具也从来都不肯和表哥们一起玩，幼儿园老师更向她反映说，为了争玩具，他还和小朋友们打架。其实有这样苦恼的还不止这一位母亲，很多家长都感同身受。

另一位母亲就曾述说过这样一件事情：一个炎热的盛夏，儿子闹着要吃西瓜，我在街上转了很长时间，终于买回一个大西瓜，切开西瓜，我情不自禁地先尝了一口，立即听到一声严厉刺耳的童音："谁让你吃的，给我吐出来！"儿子霸道地对我说。

我一下子怔在那里，两行热泪止不住地流了下来。

随即又听到孩子说："算了，算了，下次不许了！"也许是良知未泯，孩子总算"原谅"了妈妈的"过失"。这位母亲说自己爱儿子胜过爱自己，没想到儿子反倒变得这样霸道自私，对自己的父母尚且这样，何况对别人呢！

孩子如此自私是谁造就的？是父母自己长期溺爱、过分娇纵的结果。

现在的孩子大多是独生子女，生活条件优越，还处在父母、祖父母以及外祖父母的呵护之下，使得他们的自我观念逐渐增强。吃要吃好的，穿要穿好的，玩要玩高档的玩具，家里的一切都以孩子为中心，一旦达不到他的要求，动辄耍脾气，发怒，家长一见家中的"小皇帝"发脾气了，不管要求合理不合理，一切听从孩子，父母的做法就是滋长孩子自私观念的温床。长此以往，孩子就会逐渐发展成极端自私的情感和行为，处处只为自己着想，变得傲慢无理，自私懒惰，不会为他人着想，不懂得孝顺父母，只知道一味地索取，不知道回报，觉得一切都是他应该得的，一切都是理所当然的。孩子的这种心理不仅会毁了他自己将来的前程，更会影响他的人际交往，甚至使孩子对自己家人的感情冷漠。

那么，父母要如何防止男生出现自私的行为呢？一方面是对男生的行为进行正确的引导，另一方面是父母要把握好对男生的宠爱程度。

首先，父母要取消男生在家庭中的"中心"地位。

在家庭日常生活中，父母只能满足男生的合理要求，不合理的千万不能迁就，对男生的要求不能有求必应，尽量不给男生特殊待遇，要让孩子知道家庭成员之间是平等的，消除他"唯我独尊"的意识。如果父母有什么好东西，自己舍不得吃、舍不得用，都要留给孩子，这种做法很容易养成孩子的独占意识，发展下去就会演变成自私，不利于孩子的成长。

其次，父母要以身作则、言传身教及时纠正孩子的自私行为。

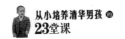
父母是孩子最好的老师，要以身作则教育孩子尊敬长辈，让孩子在接受给予的同时首先孝顺长辈。比如，吃饭时，父母第一口菜夹起来首先会给谁？儿子还是爷爷奶奶？如果你给儿子只能助长他理所当然的心理，但是如果你给爷爷奶奶反而会潜移默化地让孩子懂得尊重父母，孝顺父母。学会关心和帮助别人。

再次，要让男生学会主动承担力所能及的家务。

现在很多男生在父母的宠爱下，养成了"衣来伸手、饭来张口"的习惯。有些父母往往还不以为然，认为孩子还小，不要紧。殊不知，这样形成习惯后，会让男生的自立能力慢慢退化。更重要的是，这样会让孩子只知道享受，只知道满足自己的欲望，而不懂得履行义务。所以，家长适当地让孩子做些家务，不仅能培养他的动手能力，还能让他体会到父母劳动的艰辛，学会尊重长者，关心他人，而不是事事只想着自己。

此外，要为孩子创造经常与小伙伴交往的机会，鼓励孩子将自己的玩具、图书借给小朋友们玩和看，学会与小朋友团结友爱，养成互相谦让的好品德。

西藏有一位周永琴女士，1994年被全国妇联评选为"全国教子有方十佳母亲"。她讲的儿子江舟的故事极为平常却又发人深省：

江舟3岁那年的春节前，有朋友出差从四川带回来一篮子红橘。红橘非常好吃，江舟也很喜欢吃。我们要求小江舟每次想吃的时候，都要同时拿3个，最大的给爸爸，第二大的给妈妈，小的留给自己。开始，江舟每次都做到了。我们的目的是为了训练、培养孩子，并没有真吃。过后趁江舟不注意时，又悄悄把橘子放回篮子里。有时江舟发现我们没有马上吃，会要求我们赶快把橘子吃下去。可当篮子里只剩下最后3个橘子时，小江舟舍不得再分了。我们给他讲道理，努力说服他，总算答应分了，但怎么也舍不得把最大的那个分发出去。我们告诉小江舟：东西越少的时候越考验人，这个时候能够首先想到长辈的，才是真正有孝心的孩子。我们鼓励他继续坚持以前的正确做法。最后，小江舟是一边哭着，一边按橘子大小分发给我们的，而且眼泪汪汪地望着我们，希望我们不要真的把橘子吃了。我和他爸爸互相使个眼色，咬咬牙，狠狠心，把橘子包开，在小江舟眼巴巴、泪汪汪的注视下，一瓣一瓣地把橘子放进嘴里吃掉了。两个橘子到底是什么味儿，我们夫妻俩谁也没有吃出来……

打那以后，小江舟渐渐养成了不吃独食的习惯。不论多么好吃、爱吃的东西，都能先想着爸爸妈妈。上中学后，每次吃饭，江舟都要先给我们碗里分别夹了桌上最好的菜以后，才自己吃……再后来，江舟考取了北京大学法律系，现在早已成法学博士了。可是，只要他回到家里，依旧要先给爸爸妈妈盛饭、夹菜。我们夫妻两人感觉到，对孩子的学习成绩可宽容待之；但对孩子的不良品德苗头却应该严肃对待，父母心要硬一点，下工夫、想办法遏制住。

周女士讲的自己教育儿子的故事值得每个父母们的深思。当儿子犹豫的时候，当出现"不良品德苗头"的时候，她没有用强制的办法，而是启发引导儿子，"东西越少的时候越考验人"，让他明白了一种责任感，在这个时候如果能做到不自私的话，那么这个孩子一定是个有责任心、会与人合作的孩子，长大后必定会成为一个受欢迎的人。

每个父母总是认为自己是"无私"的，就会把无私的基因传给孩子，其实恰好相反，医学证明，"无私"的父母只能培养出"自私"的孩子。因为你的溺爱和娇纵只能让他知道他所有得来的都是理所应当的，只能助长他的傲慢霸道和自私无理，这样的孩子永远不懂得为别人着想，不懂得爱别人。

每个家长都要教会男孩子学会合作与分享，不仅是为了他将来的学习和工作，也是为了他将来能成为一个令人尊敬和信赖的男子汉，一个受自己孩子尊敬和喜爱的好父亲！

2. 男子汉就要"言必信，行必果"

中国自古便有"一言九鼎"、"一诺千金"、"君子一言，驷马难追"之说，也就是告诫人们做人一定要"言必信，行必果"。人之所以为人，就一定要言而有信，说到就一定要做到。一个具备这样品质的男孩，不管走到哪里都会令人折服，不管干什么事情都会有人支持。一个有责任感，说得出做得到，敢作敢当的男孩才是真正的男子汉。父母要教育男孩做一个值得信赖的人，一个给人安全感的人，这样的男孩才是最有魅力的男孩。

读过这样一本书《靠不住的男孩罗比》，里面讲到这样一个故事：邻居汤姆先生感冒了，请罗比去买点药，可汤姆先生左等右等就是不见罗比回来。原来他路过电影院，看起了电影，把给汤姆先生买药的事忘了。结果汤姆先生因病重送进医院治疗，出院时，他摇摇头说："这个罗比，实在靠不住。"

其实生活中，像罗比这样的人还有很多，这样的人不仅得不到别人的信任，也会失去朋友，让自己陷入孤僻当中。所以，父母一定要警惕自己的孩子，不要让他变成另一个"罗比"。诚信是一个人最重要的品质，一个信守承诺的人是对别人的尊重和负责，同样也会得到别人的信任和帮助。

18世纪的一天晚上，英国的一位作家正在爱丁堡的旅馆门前和同事谈话，一个蓬头垢面衣衫褴褛的小男孩儿走上来对他说："先生，请您买一包火柴吧！"

"对不起，我不买"。作家回答道。作家继续和同事谈话。"先生，请您买一包吧，我今天还什么东西也没有吃呢，求求您了！"小男孩乞求道。

作家见躲不过小男孩，便说："可是我没有零钱呀"，"先生，你先拿上火柴，我去给你换零钱"。说完男孩儿拿着作家给的一个英镑快步跑走了，作家等了很久，小男孩一直没有回来，作家只好无奈地回家了。

第二天，作家正在自己的办公室工作，仆人进来说，来了一个男孩儿要求面见他。于是小男孩被叫了进来，这个男孩儿比卖火柴的男孩矮了一些，穿得更破烂。"先生，对不起了，我的哥哥让我给您把零钱送来了""你的哥哥呢？"作家问道。"我的哥哥在换完零钱回来找你的路上被马车撞成重伤了，在家躺着呢"作家震惊之下悔恨自己当初对小男孩的误解，"走！我们去看你的哥哥！"作家被男孩的诚信深深打动了。

去了男孩儿的家一看，家里只有两个男孩的继母在招呼受到重伤的男孩儿。一见作家，男孩连忙说："对不起，我没有给您按时把零钱送回去，失信了！"作家再一次被男孩的诚信深深打动了，当他了解到两个男孩儿的亲生父母都已双亡时，毅然决定把他们生活所需要的一切都承担起来。

作为一个还不谙世事的小男孩能做到如此诚信，的确是非常了不起的，也是令很多成人羞愧的一件事。人与人交往需要的是以诚相待，言而有信是做人的基本原则，只有这样才能建立彼此的信赖，维系彼此的关系，无论是朋友关系还是合作关系。因为，能做到"言必信，行必果"的人，往往能给人以信任感，让人觉得你是值得信任的。反之，总开"空头支票"的人，再三的失信，必然会引起别人的不满，让人失去对你的信任。一个人可以没有出色的外表、出色的谈吐，但绝对不能没有诚信。诚信是我们中华民族的传统美德，也是一个人立身处世的根本。父母作为男

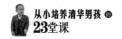
孩的第一任老师，父母的一言一行都将对孩子性格的养成、人生观和价值观的确立产生潜移默化的影响。所以，父母一定要重视对孩子的诚信教育。

《韩非子》中记载了这样一则故事：话说曾子和妻子要去赶集，孩子哭着叫着要跟母亲一块去。于是，母亲哄他说："乖儿子，好好待在家里等娘，娘回来给你杀猪吃，好吗？"儿子同意了，兴高采烈地跑回家，村里很多小伙伴来找他玩，他都没出去。

傍晚，孩子远远看见母亲回来了，就跑上前去高兴地喊，"有猪肉吃了，有猪肉吃了！"但是母亲却说："一头猪顶咱家两三个月的口粮呢，怎么能随随便便就杀猪肉吃呢？"孩子哭了，但是，这时曾子说："也该给孩子补补营养了"，说着就真的去杀猪了。

妻子急忙阻拦道："我只不过是骗骗孩子，和小孩子说话何必当真呢！"

曾子说："对孩子就更应该说到做到，不然，这不是明摆着让孩子学着家长撒谎吗？他们现在没有分辨能力，都是效仿着父母的样子做事，如果父母欺骗孩子，孩子不仅不会信任大人，还会学着欺骗别人。这不是教育孩子的办法啊！"

于是，曾子杀了那头猪，煮了肉给孩子吃。

曾子以身作则，用实际行动兑现了妻子随口许下的诺言，无疑，这个故事是家庭教育中诚信教育的典范。每个家长都希望自己的孩子将来能够生活在诚信的社会里，希望子女受人尊敬、事业有成。然而现实生活中很多孩子都缺乏诚信，所以，要培养孩子的诚信品质，就必须重视他们儿童时期的家庭教育。当孩子小的时候就要向他灌输什么是诚实与信任，尊重与真诚，宽容与爱心，勇敢与坚定，这样才能为孩子未来的成长播下行为之种。

父母要重视男生的诚信教育，首先就要以身作则，言行一致。并且要及时有效地制止男生的不良行为，千万不要放任袒护，这样只会助长他的错误行为，比如，孩子把不属于自己的东西带回家，找各种借口推卸自己的责任，为达到某种目的而说谎等。如果家长认为孩子尚小，无关紧要，或者为了维护面子替孩子找借口，认为这是孩子聪明的表现，这样往往会导致孩子是非不分，漠视行为规范，会使孩子养成撒谎的习惯，没有诚信，不能言行一致。每个家长都希望自己的孩子将来有所作为，那么，父母就必须首先从培养孩子的诚信做起。父母要信任孩子，但是当他们有错误时要及时地鼓励他们改正，让他逐渐明白真正的男子汉应该"言必信，行必果"。这样才能得到别人的信赖和支持，才有利于自己将来获得成功。

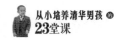

3. 身体力行，让男孩懂得扬善抑恶

"铁肩担道义，巨手换新天"是男人力量的象征，是世界赋予男人的职责，也是作为男子汉应具备的伟大品德，所以，每个拥有男子汉气概的男孩都应该懂得自己肩上的担子——扬善抑恶，锄强扶弱，主持公道与正义。父母要以自身的行动，让男孩懂得：抑恶扬善是男子汉的一种责任，是一种骄傲。

每个人的人性中既有"善"的一面，又有"恶"的一面，人性善还是人性恶自古就存在着争论，但是善良和邪恶是我们每个人的本性中都兼而有之的东西，任何人从娘胎里出来时还处于本能的状态，尚无善与恶的鉴别能力和行为能力，真正善恶意念的萌生是从幼儿阶段开始的。专家研究发现，两岁的孩子基本有了观察，判断善恶的能力，并尝试着自己的行为取向，逐渐形成自己特有的善恶和观念。所以，父母要教育男孩区分善恶就要从两岁开始。

因为孩子年龄尚小，涉世尚浅，善恶观念还没有定型，这时候对他进行教育是最有利的。但是，此时孩子还听不懂高深莫测的善恶因果说，也没有直观的善恶观认识，其本身的善恶举动大多是模仿他人，最直接的参照对象恐怕就是家长或者老师。所以，大人的一举一动都会影响孩子的认知，会直接影响孩子善恶观念。

有个小男生长得挺俊俏，又特别可爱，人见人夸，但是，不知什么原因，他幼小的心灵里好像充满了仇恨似的，开口总喜欢骂人，而且骂得很脏，不知让多少善意的长辈和小朋友受到侮辱而避之唯恐不及。有一次，小男生和伙伴在玩耍中发生了小摩擦，于是，他不依不饶，和伙伴大打出手，不仅抓破了伙伴的脸，谁拉架还骂谁。两位妈妈闻讯赶来，这小男生的妈妈不由分说，上去就给了人家孩子一巴掌，反身拖过自己的儿子破口大骂："看你这熊样儿，你不往死里打，人家不欺负你欺负谁？！"

母亲如此教育孩子，难怪孩子的行为也如此凶狠歹毒。其实，每个孩子都是天真无邪的，他们一开始并不懂得什么是"善"，什么是"恶"，他们很多行为都是受大人潜移默化的影响，他们正处于被动吸收任人驱使的人生阶段，家长的很多行为都会在孩子身上留下烙印。

要给孩子树立一种"扬善抑恶"的价值理念，家长首先必须从自身做起。比如，家长在与人相处当中要最大善意地对待他人，尤其当孩子在场的时候，更要给孩子做榜样；另外，在与人相处中还要最大限度的释放对方的善意，也就是说，对于对方的缺点、毛病、甚至恶的地方要做到心中有数，但同时还要善于看到别人的优点、长处和善处。不要把自己的内心世界弄得很阴暗，常常用敌意的心理看周围的人，这样只能是糟践自己，令自己活的不快乐，也会让别人不舒服。千万不要把男生教成那样。

善与恶的标准并不好评断，但是父母可以让孩子把"善"理解为宽厚包容、诚恳谦和、严于律己、助人为乐等等高尚的品行；把"恶"理解为阴险狡诈、伤天害理、欺凌无辜、损人利己等等摧残人性与破坏公德的行为。父母要引导男孩去追寻光明，明辨是非，承担责任，扬善抑恶。

现在很多媒体、舆论、甚至家长都有意无意地宣传一个理念——"凡事不要强出头"，"各人自扫门前雪"。社会不公平的事情有很多，你又能管多少？你又不是救世主，小心管闲事管得惹祸上身！所以，悲哀的是，你发现当有人掉进水里了，围观的人那么多，却眼睁睁地看着落水者被淹死，没有一个人出来救命；当小偷在公交或地铁上扒窃时，没有一个人敢提醒被窃者，揭发行窃者；当遇到拦路抢劫或者匪徒羞辱女生时，没

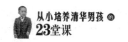

有人敢和这些恶徒对抗……因为每个人此时都想到的是自己，想到自己会不会不断因此而受伤，受歹徒的报复。人与人之间失去了彼此的信任和帮助，人心变得麻木不仁，社会缺乏正义和公理。

每个人都有本能的自我保护意识，父母也希望自己的孩子能平平安安，但是如果你换位思考，当自己的孩子有一天遇到同样的遭遇时你是希望别人伸出援助之手，还是袖手旁观呢？行侠仗义、扶助弱小、扬善抑恶，一直是我们中华民族的优良传统，社会发展到今天，经济在不断繁荣，我们的精神文明却在不断地萎缩。

也许我们永远忘不了那一幕：一位上海女青年工，那天正好路过苏州河，发现有人失足落水，正在旋涡中挣扎。千钧一发之际，她毫不犹豫地跳进水里，救起了落水者。与此相对照的是，当时岸上还有许多围观的人，其中还有不少是身强力壮的小伙子。而她，却已经怀有五个月的身孕！

事后人们问她为什么要下水，她回答得简单又朴实，她说："我见水中的人还有一口气，总不能见死不救，这是做人的起码道德。"

我们没必要纠缠围观者中有没有会游泳的人，问题的关键是：面对别人不幸的遭遇为什么有那么多人麻木不仁，那么多强壮男儿袖手旁观？懦弱不是善良，沉默有时是自私。社会需要彼此的温暖，需要正义和良知。父母不能把自己的孩子培养成没有感情、没有爱憎、没有正义感和责任感的冷血动物。因为，这不仅是社会的一大损失，更是孩子将来走上社会后的悲哀。

父母要培养一个善良、富有正义感、扬善抑恶、敢于跟恶势力作斗争的男孩，这样才会对他将来的工作、事业、爱情、家庭以及人际交往有利，才会让他的男子汉的形象更加高大，才会对这个社会更有价值，才会让他活得更有尊严，更有意义！

第四堂课

培养自立能力，清华男孩都是顶天立地的男子汉

一个没有自立能力的男孩是很难在社会上立足生存的，更甭提做合格的"清华之子"了。所以父母要学会培养孩子的自立自强的能力，让他从"自己的事情自己做"开始，逐渐摆脱依赖，形成自己的主见，鼓励他们学会自己拿主意、做决定。当他们犯了错误时，要引导他们勇于承认，因为一个勇于承认错误、敢于承担责任、自立自强的男孩才配得上"清华之子"的称号。

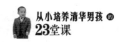

1. 培养清华男孩的责任感，首先要让他学会"自己的事情自己做"

> 责任感是作为一个男孩必备的重要品质，父母要正确引导他们养成良好的生活习惯和行为习惯，让他们学会：自己会做的事情自己做，不会做的事情逐步学着做。这是培养清华男孩责任感的第一步。

自立表现在方方面面，同时影响着孩子的成长和发展，陶行知先生曾说过这样一句话：滴自己的汗，吃自己的饭，自己的事情自己干，靠天靠地靠祖上，不算是好汉！一个人在生活中必须有自立自强的精神，因为人不可能任何时候都依赖别人，不管是父母还是朋友、爱人，别人的帮助是一时的，有限的，只有依靠自己才能走出一条属于自己的路，不把命运寄托在他人之手，既是一种自信，也是一种成熟。

父母要教育男孩，做一个自立自强的人，因为这样孩子在生活中遇到困难和挫折时才不会被压倒和摧垮。

有一个真实的故事发生在湖南省江华县的红十字会医院，故事的主人公是一名医生，原本长得生龙活虎，样貌俊俏，脑子又聪明，可是16岁那年，命运偏偏跟他开了一个玩笑——那一天，他突然发觉浑身没劲，整个身子像瘫痪了一样怎么都直不起来，结果，这一倒就再也站不起来了。

后经专家会诊，才知道这个男孩得了胸椎结核病，尽管经过手术，但高位截瘫却成了铁定的事实。原本健康强壮的身体一夜之间就成了个残疾，男孩不能接受这个挫折，更不能面对这一个事实，一晃两年过去了，这两年中，他的双腿已经明显萎缩，尽管，这个男孩常常将自己的病肢拖上来按摩，但效果依然令人绝望。他不敢面对这一切，更不敢设想未来，他想这一辈子将永远与床榻为伴，成为别人的累赘！渐渐地，他变得孤独起来……

父母把这一切看在眼里，但是他们没有抱怨，也没有痛哭流涕，而是每天精心的照料他，鼓励他，并给他带来许多张海迪和史铁生的书籍。男孩渐渐鼓起了勇气，开始跟命运作斗争。

上帝最终还是垂青于自强不息者，两年后的一天奇迹突然发生了。男孩的双腿终于有了知觉，他不断地按摩，坚持做康复训练，渐渐地，能站立起来了，18岁时，他又重新开始学习走路。后来，男孩不仅学会了走路，还重新走进了课堂，凭借惊人的毅力他发奋学习，最终考上湖南中医学院，如今又只身来到江华红十字会医院工作。虽然男孩现在走路还是一瘸一拐，而且还时不时地摔上一跤，但他拒绝领取本可以拿到的残疾证，他不想依赖别人，不想让别人用同情的目光看他。他要用自强不息的精神支撑起他坎坷的人生，并将用毕生的精力去帮助那些如他一样受到病痛折磨的人。

他的真实姓名叫蒋恒，一个用自强自立的精神书写人生的真汉子。

命运有时真的很捉弄人，生活中，我们往往在毫无预料的情况下遇到一些挫折、困难，我们不可能时时依赖别人。子女也一样，不可能一辈子靠父母，千万不要让你的孩子生活在蜜罐子里，过着衣来伸手，饭来张口的生活，这是愚蠢的表现，也是危险的做法。这样的孩子永远长不大，他们不敢独立，不敢面对自己的生活和未来，没有勇气克服困难和挫折，走到社会上不敢跟人竞争，处理不好自己的人际关系，没有分辨能力……太

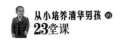
依赖父母的孩子只能让自己丧失太多的能力。

男生尤其不能让他太依赖父母，太舒适的环境只能让他散失自立的能力，变得没有责任感。

记得有这样一副连环画：

一位母亲端着一盆洗脚水来到儿子面前准备给他洗脚，儿子一边奔拉着双脚让母亲给脱袜子，一边还津津有味地捧着一本书看着。

母亲弯下她那工作了一天的腰给儿子洗脚，还关心地问道："儿子，看什么书呢？"

儿子不耐烦地对母亲说："书名叫《自己的事情自己做》！"他似乎很不满意母亲的唠叨，不再搭理母亲而是瞅着自己那本书。

母亲无奈，端着洗脚水就走了，走的时候还说了一句："什么时候能自己做啊？"儿子不解地望着母亲……

这幅漫画很具有讽刺意味，男孩明明就看着《自己的事情自己做》的书，他应该明白其中的道理，但为什么在家里还是处处依赖母亲，好像理所应当似的。这是值得人们思考的，现代人的生活条件越来越好了，但教育孩子的理论却越来越贫乏了。父母总是觉得自己的孩子还小什么都不能做，怕他干这个会伤到，干那个会累到。一切事物都给孩子安排的妥妥当当，孩子在幼儿园打电话说，"妈妈，我忘带书包了"，你赶紧送过来，"我没带钱，今天要交XX费"你又赶紧请假给孩子送过来，父母是否想过是不是自己给孩子包办的事情太多了！孩子已经习惯父母这样照顾，习惯凡事依赖父母，有些时候孩子的依赖心理都是父母惯出来的，父母不放手让他做些事情，他永远体会不到什么是自立。

父母必须从一点一滴的小事开始培养孩子自理自立能力，比如，在孩子还小的时候，可以让他自己完成一些简单的事情，自己穿衣服、穿袜子，自己喝水，自己拿玩具等等，然后，不断地提高要求，让孩子收拾自己的房间。通过收拾自己的房间，可以培养孩子的条理性和自理能力，而且也可以让孩子真正树立起"自己的事情自己做"的观念，这样对于孩子的自理能力是非常有帮助的。

等孩子大些时，可以让他帮忙做些家务，扫地、拖地、买东西等等，让他多参加一些集体活动，培养他的独立生活能力，独立意识，独立主见和责任心。让他逐渐摆脱对父母依赖，走向自立，做一个自强自立的男子汉。

2. "你是清华男子汉，有权决定自己的事情"

　　成长期的男孩爱捣蛋，不听话，还很叛逆，家长让他们往东，他们偏偏要往西。如果你一味批评指责，只能造成两种结果：要么引起孩子的逆反心理，跟父母较劲，什么都跟你对着干，要么让孩子变得胆小怕事，凡事只能依赖父母，听从父母的意愿和决定，没有主见，丧失思考力、决断力和创造力。相反，如果父母在需要时告诉孩子："你是优秀的清华男子汉，你可以自主做出决定"，男孩会因此备受鼓舞，引以为傲，成为他们努力做好事情的动力。

　　在很多家长的观念里，他们往往认为："孩子太小，没有决定事情的能力"、"让男孩决定自己的事情，他很可能会变坏"……于是，中国的父母包办了孩子的一切事情，从"吃、穿、住、行"到考哪所初中、高中、大学、学什么专业……家长已经习惯为孩子操办现在，计划未来，他们总是担心孩子应付不来很多事情，不给他们机会尝试独立，剥夺孩子决定自己事情的权力，这种做法纯粹是家长在杞人忧天。儿童心理学家就曾表示，如果能够从父母身上得到充分的支持和爱，男生会比女孩更早地走向独立。

　　因为，男生会认为，父母让他自己决定一些事情，是父母对他能力的认可，是父母对他莫大的信任，因此，没有男孩愿意辜负这种信任。于是，这种信任便转化为了男孩努力做好这些事情的巨大动力。事实也证明如此，生活中我们常常看到这样的情形：当面对困难的时候，6个月大的男婴已经开始试图通过自己的探索尝试解决问题，女婴却通常借助哭泣等手段寻求父母帮助。当然，这些不同只是性别上的差异，并没有优劣之分。只是男孩更喜欢实践，喜欢尝试与竞争，他们喜欢在这些过程中的思维与创造的乐趣。所以，家长不妨尝试：大人"放手"，小孩"动手"的教育方式，注意把握男孩身上的这些特点，不要阻止他们那颗尝试的心，鼓励男孩去探索和自己做出决定，培养他们的独立能力。

12岁的王少军，最近迷上了下棋，很想去棋队学下棋。他的妈妈是清华大学毕业的电子工程师，妈妈为儿子考虑更多的是他的学业和前途。但是，她不想强迫孩子放弃他自己感兴趣的事情，更不想逼着他干自己毫无兴趣的事情。

于是，母子之间进行了一次很严肃的交谈。"你很喜欢下棋，对吗？"妈妈问道，王少军点点头，"那好，不过你要记住，下棋这条路是你自己选择的，今后，你要对自己负责！"妈妈严肃地对他说。

妈妈这番话极大地鼓励了儿子，并激发了他的斗志，结果，儿子不仅成绩没有落下，还多次夺得世界国际象棋冠军。

同样，第八届"全国十佳少先队员"黄涛，是个品学兼优、全面发展的男孩子，音乐、朗诵、书法、摄影、游泳……各方面都很出色。有人曾经问过黄涛的妈妈："您是用什么办法培养出这个多才多艺的孩子的？"黄涛的妈妈说："黄涛很小的时候，我和他爸爸工作太忙，就把她寄养在奶奶家。为了不给奶奶添太多的麻烦，我们早早地训练她独立生活的能力。4岁时，他学着自己洗头，穿衣，穿袜子，叠被子。后来让他参与一些家务活，并让他提意见，做决定。这么多年过去了，他现在已经能做很多事情，有些事做得比我还要好。为了培养他的责任意识，课外参加的各种学习与活动，我们大都让他自己决定，自己报名，自己完成。如今，他

知道怎样对自己负责，懂得自己约束自己。"

从中可以看出，大人的"放手"，"让孩子自己做决定"，是父母对孩子的信任和尊重，是他们一步步走向成功的最有效动力。父母要学会让男孩独立成长，让他们自己挑选做正确的事情，寻找正确的思维方式，不要扼杀他们做事的机会。

有时当男孩不能做决定，向你请教时，不要直接告诉他什么应该做，什么不应该做，而要耐心的引导，让他自己做出决定，你的分析只能给他提供一个参考。这样才能培养出一个真正有出息的孩子。

美国的家长在对孩子这方面的教育是很值得称道的。记得美国有一部非常受欢迎的电视剧《成长的烦恼》，剧中有这样一个情节：一天，刚上中学的小儿子本恩做出了一个让人大吃一惊的决定——他要做"清新小子"乐团的经纪人！因为本恩认为"清新小子"乐队非常有潜力，于是萌生了做他们经纪人的想法。可他遇到一个问题，要做"清新小子"的经纪人，必须拿出2000美元投资。

本恩没有钱，于是他把自己的决定告诉了父亲杰森，并劝说杰森做自己的合伙人。听了本恩的决定后，杰森虽然非常吃惊，但他还是支持本恩的决定，并同意拿出2000美元作为投资。

后来事情的发展有些不顺利，父亲杰森认为本恩根本不懂如何经营乐队，于是不顾他的想法和决定，处处控制他，这让本恩无法忍受，于是结束了和父亲杰森的合作。没想到，本恩又找到他的邻居作为合伙人，并在转让乐队经纪权中一次性赚了24000美元，这让杰森形象大跌。

杰森无疑是个优秀的父亲，当孩子做出一个让大人吃惊的决定时，他以实际行动支持了本恩的决定。但他还是犯了一个很多父母常常会犯的错误，那就是没有完全信任自己的孩子。

大人常常习惯用成人的思维禁锢孩子的思想，当孩子做出一个决定的时候，总是对他们抱有不信任的态度，不相信他们的判断能力和办事能力，每个人一生都会遇到很多选择，如果一个人从小就习惯父母替他做决定，久而久之，就会失去主见，当有一天，孩子离开父母走上社会后，就很难做出果断而正确的选择，即便遇到机会，也只会打个擦边球。

父母要鼓励男生自己作出决定，要培养他的自主意识和责任意识，培养他的积极性和主动性，当孩子通过观察和思考对一件事情做出决定时，父母应该说："我们支持你的决定！"给他们选择和决定一件事情的权利，给他们坚定自己信念的信心和勇气，即使他们以后遭到挫折了，他们也能认真总结经验、吸取教训、勇于承担责任，而不是一味地怨天尤人。

3. "儿子，错了就要勇于承认"

人不可能一生都不犯错误，犯错误是好事，错误可以让人不断进步、不断完善。人之所以伟大，就在于人能够不断在错误中吸取教训、总结经验，从而追求尽善尽美。所以，父母应该允许自己的孩子犯错误，并要让孩子勇于承认错误，在错误中学会成长。

男生一般比女生捣蛋，还总喜欢做些恶作剧，这让许多家长都很头疼，对待这些小鬼头，家长和老师既不能听之任之，又不能严厉的批评，对于孩子这种故意犯的错误，家长要学会慢慢引导，让男生自己发现自己的错误，逐渐明白道理。

杨阳是一个很淘气，很捣蛋的小男孩，有一天，下课，幼儿园的小朋友都排队去洗手间，可是杨阳并没有像往常一样急着来排队，而是待在活动室环顾了一下四周，确信人都走光了，便顺手扯过了邻座鹏鹏放在桌上的图画本，以飞快的速度在上面胡画了一通，然后"刺溜"一下子跑出来排队，这一切恰巧被老师从窗外瞧见了。

这位老师看在眼里，但并没有马上上前批评他，因为杨阳经常搞恶作剧惹得小朋友哭，虽然说过他很多次但始终还是没有奏效，还总是摇头不承认自己的错误，于是，老师打算换个方法教育他，让他主动承认错误。

不久，鹏鹏回到活动室，一看，发现自己的本子被画成了那样，忙举着来向老师告状："李老师，你看我的图画本出去前还好好的，回来就变成这样！"

这位老师装作很吃惊的样子："呀，是谁干的呀，把鹏鹏的本本都涂成'大花猫'了！"小朋友们都说不知道，杨阳也像个没事儿人似的，正在座位上指着他的'杰作'哈哈大笑呢！

于是，老师的表情变得严肃起来："这件事情既然有人做，那就会有人看见，换了任何一个小朋友，也不想自己的本子被乱涂乱画成这样，如果那个小朋友主动承认了错误，那他就是个小勇士，他还是我们大家心中的好孩子！"

"会是谁呢？""谁啊谁啊快承认"大家你看看我，我看看你，都好奇的不得了。这时的杨阳已经红了脸低下了头，不一会儿他便吞吞吐吐地说道："是我！我以后再也不了！"老师立即对他竖起了大拇指，并让全班小朋友一起鼓掌鼓励他，杨阳最后还向俊杰道了歉……

做错了事情并不可怕，关键在于做错了事情敢于承认并改正。但是如何劝说孩子改正，是每个父母心头的一块石头，很多事实表明，每个孩子都喜欢表扬，喜欢鼓励，所以，用鼓励的方法可以帮助孩子建立正确的坐标，让他明白自己的行为对别人会造成怎样的困扰，可以让他体验到内疚和后悔。很多父母只会在孩子表现精彩时才给予奖励和表扬，殊不知，勇于承认错误也是一种难得的品质，所以，家长不要吝啬你的鼓励，要鼓励你的孩子勇于承担责任。

家长要让男孩明白，一个勇于承认错误的孩子是受人欢迎的，而且还可以为自己赢得赞许、信任、朋友等。父母这样做，可以使孩子摆脱自我中心主义，知道外部世界并不总能为所欲为，同时，让他遭受必要的情绪挫折，体验到后悔、难过、害怕是什么东西，从而令他成长得更快，以后更好地处理自己与周围其他人，其他事的关系。

千万不要让男孩养成撒谎的习惯，对于那些一不留神就犯错误，然后又总是寻找各种谎言来逃避的孩子，父母更应该抓紧，一定要让孩子明白犯错后寻找谎言来掩饰是一种恶劣的行为。

许多家长都很着急自己的孩子：儿子的手套明明丢了，可是他却一会说在卧室里，一会说在自己的柜子里，就是不肯承认；儿子上小学二年级，经常借口买文具向家里要钱，其实是拿去买零食了；有次打烂花瓶，却安在阿猫阿狗身上；上学迟到，借口堵车；作业没做，说是生病……

孩子撒谎的原因有很多，可能是无知，可能是因为害怕责骂，为了逃脱责任，孩子撒谎的同时，内心常常是恐惧无助的，也许他并不愿撒谎，只是因为自控能力差，常常做错事，常常面临危险，便只好撒谎，而撒谎又可以免除灾难，免受惩罚，次数多了以后，孩子就会有铤而走险的心理。

孩子对是非的辨别能力比较差，做错事是难免的，生硬的教训、批评可能会令家长和孩子的关系闹僵。所以，父母要针对不同的情况，了解孩子犯错误的动机，包容孩子犯错误，给予他们改正的机会，鼓励孩子主动承认错误并改正错误。

父母也可以根据孩子的理解水平，耐心细致地跟他讲道理，指出孩子的错误行为，说明他的错误行为破坏了规定，或伤害了别人的感情，因此他必须对错误行为的后果承担责任，进行补救。并且向孩子明确表示自己对谎言的态度，希望他做一个诚实的孩子等等。

父母不希望孩子撒谎，要给他做一个表率，要让男孩懂得，做错事，就要敢于负责，这是一种敢担当，有胆量的畏惧。

第五堂课

智商培养，让男孩万无一失地走进清华门

　　每个男孩都有自己独特的天赋，或许，清华才子就在手中，就在眼前。每个父母都要必须坚信自己的孩子是有天赋的，事实也的确如此，所以不要白白浪费了这种天赐的禀赋。但是，男孩的智商并不完全是天生的，更多的是要靠后天的发掘和培养，所以，父母要留意男孩的天赋，注意发掘他们的天赋，不要因为忽视让自己的小天才变成了小庸才。

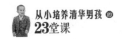
1. 清华男孩的智商一半是天生，一半是靠后天发掘

人的智商到底是不是天生的，一直是一个备受争论的话题，最近，据《每日科学》网站报道，美国密歇根大学和瑞士伯恩大学的科学家发现，人的智商并非完全是天生的，训练"工作记忆"同样可以提高智商。很多父母抱怨自己的孩子不够聪明，却一直不能科学的看待这个问题。其实，孩子的智商一半是靠先天的基因遗传，一半是靠后天的发掘和培养的。父母如果不想让孩子输在起跑线上，就必须双管齐下，在注重天赋的同时，把主要精力放在孩子的后天培养上，否则，很可能让一个"清华之才"沦为一个"家里蹲"。

谁都希望自己孩子聪明一点，智商高一点，但是绝大多数的家长可能还不知道，高智商需要一个重要的先天基础。不要单纯地以为在怀孕时，和孩子说说话，讲讲故事，进行胎教，或者当孩子会说话了，教孩子说外语，背唐诗；然后上幼儿园，上小学，送进重点初中，重点高中就是对孩子智力最大的发掘。家长这么做，只能说做对了一半，其实很多父母不知道孩子人生的起跑线输在哪里。只知道在怀孕后去努力做好，为孩子的前途尽心尽力，心情和心意是可以理解的，但有一半没做在点子上，试想一下，有多少父母在怀孕前，系统地学习过优生优育的知识呢？

孕育生命是父母神圣的职责，要想生一个聪明的宝宝就必须明白以下几点：

第一，夫妻间的地缘关系很重要，地缘距离越远生育的孩子越聪明。

有资料显示，父母均是本地人的孩子平均智商为102.45，父母是省内异地者平均智商106.17，而隔省婚配所生子女的智商则高达109.35。

第二，父母要在最佳生育期生育孩子。专家推荐24～29岁为育龄女子的最佳生育期，而男士，30岁左右当爸爸为优，太晚生育会影响孩子的智商。另外，父母在准备怀孕的前一年，最好调理好自己的身体，戒掉一切不良习惯，如抽烟，喝酒，否则对胎儿的影响极大，甚至会把不良疾病遗传给下一代。

第三，要给孩子喂母乳，英国剑桥大学营养学家对300名7～8岁的儿童做了智商测验，并与婴儿的食谱相对照，发现吃母乳长大的儿童智商普遍较高，比吃代乳品长大的同龄儿平均高出10分之多。

孩子的智商如何除了受这些先天因素的影响外，后天的培养也是不容忽视的。《哈佛教子聪明书》中，斯宾塞认为：除了极少数有智力障碍的孩子和天才、神童之外，绝大多数的孩子只存在智力特点的区别，而不存在智力高低的差别。即使是少数智力和身体有残障的孩子所表现的不足，也多半是因为现实条件所限以及教育方法不当而造成的。

大多时候，不是孩子智商不高，而是家长不会发掘孩子的潜力。如果仅靠智商测试来判断一个孩子潜力，那么将有70%有创造力的人才可能被我们埋没。因为我们不能在还没开采石油的时候，就说这里的石油不好；在还没有发现孩子的潜力的时候，就说孩子的智商不高。所有的父母都应该坚信自己的孩子和别的孩子相比，仅仅是特点不同而非智力水平有高低。坚信自己对孩子的信心不但可以改变自己，也可以改变孩子。

一个名叫琼尼·马汀的小男孩在学校的成绩一直很差，很多老师都认为他的智商很低，并劝他退学。他的父亲是个木匠，母亲是个家庭主妇，为省下钱来让琼尼·马汀以后读大学，家里的生活非常简朴。

终于，在琼尼读到高中二年级的时候，学校的心理老师把他叫进办公室，对他说："琼尼，我一直在研究你的考试成绩……"

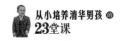

"我已经很努力了。"琼尼说。

"这就是问题所在，你很努力了，但你的成绩还是提高不了。看来你是不适合继续你的学业的。在我看来，继续读高中对你来说是浪费时间。"

琼尼伤心地掩面低泣，说："这对我父母亲是个很大的打击，他们一直在等我去读大学呢。"

心理老师把手放到琼尼的肩上，安慰他说："人都有不同的天赋。有对乘法表一点都不懂的画家，有五音不全的工程师。每个人都有一种特长，你也不例外，以后你会发现你的特长，你会让你的父母为你骄傲。"

自此，小男孩就再也没去上学了。镇上的工作很难找，但琼尼不愁没工作，他忙于帮别人修剪草坪，修建花坛。渐渐地，人们都发现琼尼动手修整过的草坪和花坛非常漂亮，大家都称他为"绿拇指"。琼尼还给人们建议教大家怎样把院子改造得更漂亮，他对各种花的搭配非常在行。

有一天，琼尼经过镇政府后面时，发现有一块很大的空地，上面有堆满了垃圾，非常不雅。正好，镇政府的一位官员走过，琼尼跑过去，跟他说："如果你允许的话，我可以把这块布满垃圾的空地变成一座花园。"

"对不起，我们镇政府没有钱来做这样的改造。"那位官员说。

"不用你们出钱，我就是想这样做而已。"琼尼说。

那位官员非常奇怪，竟然有人想做工却不要钱。但是，他还是把琼尼带进了办公室，帮他弄了改造那片空地的授权书。于是，琼尼开始在那片空地上松土，撒种，有人给他送来了树苗，有人给他送来了花苗和树篱，还有人提供长凳。没有多久，那片曾经遍布垃圾的空地变成了一个小公园，有茵茵的绿草，弯曲的小石径，供人休息的长凳，给小鸟住的小木屋。小镇上的人都赞扬琼尼为改进小镇景观作出了贡献。小公园也成了琼尼展现自己的窗口，人们发现了他这个天生的园艺师。

那是25年前的事了，现在琼尼已经是一个大型园艺公司的老总，他的顾客遍及加拿大各个省份。虽然现在他仍然不会讲法语，不会翻译拉丁文，不会几何。但是，他对光和色彩、结构和景色的搭配技巧方面却表现得非常出众。

相信上帝在赐予我们每个人生命的时候，都会赐予我们相应的本事。只要你肯去发现，其实每个人身上都有无限的潜力。就连《阿甘正传》中智商只有75的阿甘，到最后我们也发现他才是真正的智者，真正的英雄，他的天赋不仅表现在超长耐力的奔跑上，在乒乓球、生意场上、战场上也同样是好手……所以，很多父母在认为自己的孩子不擅长某某领域时，为什么不试着让他尝试一下自己感兴趣的领域呢？也许在那里才是他绽放天赋的地方。

父母要相信男生，坚信自己的孩子是聪明的，只是智力开发得早和晚的问题，父母要做的就是帮助男生找到自己的定位，找到打开他潜力之门的钥匙。

2. 人才是教出来的

不要浪费孩子的天赋，每个人刚生下来时都是一样的，只是由于环境，特别是幼小时期所处的环境不同，有的人可能成为天才或英才，有的人则变成了凡夫俗子甚至庸才。所以，只要父母重视孩子的后天教育，即使再普通的孩子也能变成不平凡的人。父母们请记住："清华之子"多半是靠后天教育培养出来的，绝非天生！

著名的教育家爱尔维修说："即使是普通孩子，只要教育得法，也会成为不平凡的人。"固然，人与人之间的禀赋是有所不同的，孩子的天赋也是千差万别的，但是，每个孩子的禀赋能不能得到开发，开发多少，是决定孩子成功与否的关键因素。

现代孩子接受的教育大都属于不完全教育，也就是说，他们很多禀赋不能完全发挥出来，比如，禀赋100的孩子，可能就只发挥出50；禀赋60的孩子，可能就只发挥出30。如果我们可以发挥孩子禀赋的八到九成的有效教育，即使禀赋只有60的孩子也比禀赋100但却只发挥了三到四成功效的孩子更聪明。

纵观历史上的很多伟人和天才，哪个没有这样或者那样的缺点？众所周知，雅典是一个孕育天才的国度，从古到今很多举世闻名的天才人物都出自这里，像苏格拉底、柏拉图、亚里士多德、毕达哥拉、阿基米德斯等等，也许你会认为这是希腊优秀人种的缘故，但很多研究却表明，这里之所以孕育出这么多天才，虽然希腊人的人种优秀是其中一个因素，但是更重要的是希腊的早期教育产生了非常重要的作用。希腊人特别重视对孩子的早期教育，并且把它当成了社会的一种习俗。这里的孩子一出生就开始进行各种各样的早期教育，他们认为孩子的大脑高速发展时期只有短短几年，应该尽可能地把握这短短的黄金时期来开发孩子的智力，培养孩子的才能，使孩子的潜力能得到最大限度的发挥。

现在国内很多教育专家、心理专家、媒体以及家长都认为，在孩子还那么小的时候就往他们的大脑里塞那么多东西，孩子会负担不了，会厌学、会反感。但实际上，人们往往忽视了这样的事实——三岁以前的幼儿头脑的接收能力远远超乎人的想象。所以，大人们不仅不用担心教给孩子的太多，反而应该担心给予太少而白白浪费了最佳的教育时期。因为，这个时候孩子的大脑还处于几乎一片空白的阶段，需要外界的视、听、触、味等各种刺激，从而促使大脑的各个功能中枢得以充分的发展。这段时间如果能科学而充分地刺激孩子的大脑，就可以使孩子的大脑得到最大程度的开发，从而提高他们智商的利用率。

那么，这个时候对孩子进行怎样的教育才能最大限度地开发他们的智力呢？日本著名的教育家铃木镇一提出："幼时学习音乐虽不一定能成为专业音乐家，但从小学音乐的孩子一般都比较聪明。"没错，音乐就是开发孩子智力最好的工具，比如，莫扎特的《D大调钢琴奏鸣曲》就是最好的胎教音乐，它可以促进儿童大脑皮质的发展；增强儿童高层脑部运作的功能；激发儿童对空间的辨别能力，尤其对三岁前的孩子更为有效。因为这个年龄段的孩子大脑的功能尚未完全成熟，通过音乐对其刺激和影响，可使右脑发展更为健全，从而获得智力上的发展。不仅如此，莫扎特的音乐还可以提高智障儿童的智力，研究发现，智障儿童在聆听了莫扎特的音乐十分钟后，可以在智力测试中拿到更多的分数。如果能持续一段时间，还可以取得很好的疗效和改善效果。

但是，不管什么样的才能教育，首要的是激发孩子的兴趣，对孩子

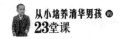

取得的成绩要经常予以表扬，同时不断增加新内容，以促进他的上进心。但不要过多地强求孩子去练习，要以孩子感兴趣、喜欢的方式去学习，因为，只有激发孩子的兴趣，才能使他主动去学习，这样才能起到事半功倍的作用。

其实，每个人在孩提时代，都对外物有强烈的好奇心，而这种想追本溯源的好奇心便能激发起人们的求知欲望，也就有了兴趣去学习。所以，要科学地保护和刺激孩子的好奇心，激起孩子的兴趣，启发和引导他们去学习，这样就能使他们的学习达到最佳状态，收获最好的学习效果。

天才的诞生也许和天赋有关，但如果孩子拥有很高的天赋却得不到发挥，也是无济于事的。也就是说，天才如果有很好的天赋得不到开发也会变成极为平凡的人，就像"江郎才尽"那样；同样，如果"蠢材"的智力得到后天有效的训练和开发，也会变成极为优秀的人才。

可见，一个天才诞生的过程，就是对一个孩子的教育过程。父母要坚信自己的男生，不要浪费他们的天赋，要重视后天的教育，要让男生的智力得到最有效的开发。

3. 制定一个饮食表，从营养上改善男孩的智商

现代家庭多数只有一个孩子，家长既希望孩子的身体健康，又希望孩子的智力超群。科学研究表明，孩子的身体素质、智力水平，除了与遗传、母亲的孕期状态等先天因素以及后天的教育因素有关外，饮食对孩子的智商也起着至关重要的作用，所以，注意孩子合理膳食、营养均衡也是培养"清华男孩"必不可少的必修课。

最近，英国科学家指出，人脑体液的酸碱度与智商有关系。在体液酸碱性允许的范围内，酸性时，智商低；碱性时，智商高。科学家对42名年龄在6岁到13岁的男孩进行观察时发现，大脑中的体液ph值大于7.0者比小于7.0的智商高一倍。

而人体大脑中体液的酸碱性又可以通过饮食来调节，所以，饮食情况会影响男孩的智商。所以，科学家建议，男孩饮食要少大鱼大肉，多吃豆制品和乳制品；少吃油性食品，多吃蔬菜水果；少吃甜食，多吃海产品。这种饮食习惯有助于男孩智商的提高。

营养物质是人类赖以生存的必需物质，营养状况直接影响着一个人的生长发育、智力水平和学习、工作能力。现在很多医学营养研究证实，营养不良或者营养不均衡都会导致人的智力水平低下，学习、工作能力降低。尤其儿童，如果营养不良，就可能导致智商降低、学习能力下降，成年后劳动生产率低，收入水平低等等。

　　所以，父母一定要重视男生的饮食，不要因为孩子的营养不良而影响他们的智力发育。拉丁美洲的一项研究发现，由于拉美很多国家的孩子因为营养一直得不到改善，他们总的智力水平明显低于世界其他国家同龄儿童水平，同时伴有行为缺陷。比如，营养不良的婴儿到学龄期后，行为主要表现为注意力不集中，多动症和记忆力差；学习成绩明显低于正常儿童。并且，心理表现为认识能力欠缺，高级情感产生晚，是非界线模糊，意志薄弱，语言表达能力差，运动机能系统有明显障碍等等。

　　另外，过分贪吃也会影响男生的智商，世界卫生组织（WHO）的儿童保健专家就曾经明确指出：过分贪吃的孩子智商低。这些专家在研究中发现，儿童一餐如果吃得太多往往会引起肚腹不适，消化和吸收不良。如果长期如此，还会使性格变得急躁易怒、对外界事物反应迟钝、注意力分散。这是因为胃中食物过多后，机体必须动员大量的血液到胃肠道帮助消化，由此就使脑部的血液供应相对减少，长此以往，就会阻碍大脑智力的发育。

　　父母要重视男生的智力发育就必须从饮食上抓起，合理安排膳食。

　　首先，要多给男生提供碱性食物，多吃碱性食物可消除疲劳感，保持酸碱平衡，减轻心理压力。常吃的食物中属于碱性食物的有：豆类、薯类、菌藻类（如海带、木耳）、蔬菜、水果等，水果吃起来口感虽然是酸的，但是消化吸收后也产生碱性物质，同样属于碱性食物，比如苹果、梨、西瓜、菠萝、草莓、洋葱等，他们不仅可以消除心理疲劳，平衡大脑供氧，还可以迅速消除不良情绪。

　　其次，给男生多吃些粗粮，如玉米面、荞麦面、豆面、白薯、芋头、新鲜玉米棒子等。这些食物可以促进消化，以便有更多的血液提供给大脑。

　　再次，一定要让男生少吃肉，英国对8170名志愿者进行长期研究后所得出的结论——肉食摄入过多会导致智商下降。要让男生多吃些蔬菜水果，因为蔬菜水果中不仅含有多种维生素，还含很多碱性的生物活性物质，这对改善大脑功能有着非常好的作用。像豆腐、豌豆、油菜、芹菜、莲藕、白菜、卷心菜、萝卜、土豆、葡萄等都是碱性食物，父母要合理地给男生安排这样的膳食。给喜爱吃肉的孩子，每天准备一定的蔬果，保持他们膳食平衡，才能够有益健康和智商。

父母在给孩子合理安排膳食的同时，还要经常带他去进行体育锻炼，这样才能更有效地促进孩子智商的提高。

第六堂课

做情绪的主人，成就清华男孩的幸福人生

不要以为男孩就没有情绪，男孩天生要强，爱面子，从来不会轻易表达自己真实的内心世界，所以父母要引导男孩大声说出自己的心里话，把自己的情绪用语言表达出来，不要压抑在心中，否则一旦发泄将成火山爆发之势，难以收拾。父母要引导男孩学会用适当的方式控制自己的情绪，做一个情绪的主人。

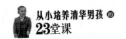

1. 男孩，大声说出你的心里话——注重男孩的情绪表达

　　一直以来，男孩就背负着"有泪不轻弹"的包袱，扮演着坚强、永不流泪的角色。事实上，男孩在情感方面并不逊色于女孩，甚至比女孩更丰富。只是他们习惯于把沸腾的感情压抑在心中，把泪水强咽进肚里。男孩是坚强的，就因为这样男孩是可怜的，因为他们被剥夺了流泪的权利，他们的情绪常常得不到发泄，所以父母一定要注重男孩的情绪调理和表达，告诉男孩："哭吧，不是罪！"

　　最近美国的一项调查表明，在孩提时代，男生比女生更容易患抑郁症，但是从12岁孩子进入青春期开始，患抑郁症的性别关系就发生逆转了。为什么会这样呢？男生在家庭教育中，一直被冠以坚强勇敢的角色，父母总是教育男生不要像女生那样哭哭啼啼，男生很小就被剥夺了哭泣的权利，他们必须坚强和极力克制自己情绪的发泄，他们在很小的时候就要承受很大的压力，他们的情绪往往被家长所忽视……

　　男生表面上看起来大大咧咧，很酷的样子，其实他们内心也有很多秘密，他们内心也有受到伤害的时候。他们的自尊心很强，很要面子，哭，在他们认为是一种窝囊的表现，所以他们情愿用拳头砸墙、摔东西、抽烟、打游戏、酗酒来发泄情绪。父母千万不要忽略男生的情绪表达，要知道他们情绪表达的特殊方式，并在最需要的时候给予他们帮助。

　　小宇的妈妈是一位博士，从小就对小宇严格要求，希望能把他培养成一个小天才，但令人意想不到的是，11岁的小宇没有上初中就辍学了，如今，他变得非常自卑，害怕见陌生人，脾气古怪、暴躁，性格倔强，还动不动就大发脾气，并常常以自杀威胁家长。

正处于花季少年的小宇，为什么会变成这个样子呢？

原来，小宇曾经是一个性格开朗、学习成绩优异的孩子。但是进入六年级的第二学期，老师开始给毕业班加大作业量，母亲也鼓励他去报考知名初中。为了不辜负母亲的期望，小宇不得不学习他不喜欢的各种课外班，课余还要练习钢琴、二胡、书法等等。学习量突然加大，更加令他烦躁和苦闷，虽然好几次回到家里，向父母说过几次，但父母都说为了他好，他也没再说什么。后来，有一次同学们要集体去郊游，他满心欢喜的以为可以一块去，结果父母说考试要紧，他只能乖乖地去上补习班，后来在一次摸底考试中，他本以为能考得不错，结果好多平时比他清闲的同学考得比他还好。

这件事对他打击特别大，他放学回家后一句话都没说，直接躲到了屋里。第二天，他把这件事告诉了爸爸妈妈，并且反反复复说了好几遍。但当时爸爸妈妈由于工作忙，谁也没在意孩子情绪的变化。只是叫他继续努力。

从这以后，小宇就像变了一个人似的，沉默寡言，不再自信，对所有的事都提不起兴趣，不爱上学，也不喜欢参加班级和课外活动，甚至在街上看见同学和老师他都会立刻绕着走。回到家也是一个人躲在自己的房间里，有时竟一整天不出来。

然而，小宇的这种异常行为一直没有引起父母的注意……最后，等父母发现孩子的变化时，他已经变成了现在的样子。

男生有时也是很脆弱的，他们也会迷路，他们需要父母的关注和及时的指正，他们不像女生那样，有什么事情都会和父母说，他们不善言辞，不愿意表达自己内心的想法，还容易暴躁、发火，他们很倔强，不是实在

解决不了的事情绝不和父母说，正是因为这样，家长更不能疏忽，要更加留意男生的情绪变化，不要让他在人生的岔路上迷失自我。

要教导男生大声说出他的心里话，父母首先要学会倾听。倾听男生的心声，倾听孩子的哭泣。男生也会遇到困难、男生也有情绪失落的时候、男生也会伤心，在这些情况下，他们需要发泄自己的情绪，因此他们大多需要一个倾听者。而对于还没有进入青春期的孩子来说，家长往往是他们最好的倾诉对象。

不要让男生把不开心和烦恼的事情总憋在心里，如果这样长时间得不到发泄的话就会使他渐渐走向沉默、孤僻、抑郁、暴躁……的道路，所以，父母要特别留意男生的情绪变化，发现他有异样时，要积极鼓励他把心里话大声说出来，然后引导他分析问题，做出决断。

男生的发泄方式很特殊，他们不会像女生那样哭泣、撒娇、不理人，面对不顺心的事情，他们可能大喊大叫、发脾气、摔东西，他们似乎更愿意用身体语言来表达自己的愤怒，发泄自己的情绪。父母要体谅男生特殊的情绪表达，比如，当男生发脾气，要大喊大叫时，带他到空旷人少的地方让他尽情发泄，并告诉他以后有压力时同样可以这样调节，但要注意场合；当男生生气，并用自己的拳头狠狠地击墙时，不要阻止他，给他买个沙袋，或者准备个沙发垫，枕头等，让他发泄；当男生，压抑了又压抑，不愿哭时，告诉男生"哭出来吧，这样会好受点！"引导男生正确地排解自己的情绪。

当然，倡导男生大胆地表达自己的情绪并不是鼓励放纵他的情绪，所以父母一定要把握好度，告诉男生什么才是更好的表达方式，并告诉他，男子汉有能力也有责任学会调节好自己的情绪。

2. 帮男孩学会梳理自己的情绪

不要以为只有女孩才有情绪，男孩同样面临各种各样情绪的困扰，随着年龄的增长，男孩的情绪会变得越来越不稳定，比如更易愤怒、暴躁、敏感、忧郁、伤感等等。父母要及时察觉、帮助男孩认识和梳理自己的情绪，让他们不要被情绪所左右，做情绪的主人。

情绪是每个人与生俱来的心理反应，每个人都有情绪，孩子也不例外，只是有些孩子情绪表达的方式比较温和，有的则比较强烈。父母要做的就是教孩子学会调节情绪，找到正确的疏导方法。

男生在成长过程中要学会管理自己的情绪，这对一个人的人生有至关重要的作用。每个人在生活中不仅会有快乐，也会有挫折、后悔、孤单的时候，有些男生一旦遭受挫折，感到难过，就习惯用很暴力的方式发泄，冲人大喊大叫、摔东西、砸墙、暴跳如雷……不但给自己带来麻烦，还会影响自己的人际关系。他们似乎不知道如何适当地表达和倾诉自己的感受，所以父母应该帮助男生学习情绪的自我管理。

父母首先要教男孩认识情绪，这是管理情绪的第一步。人的情绪有很多种，既有积极的，也有消极的，情绪是人身体、心理平衡的调节杆、温度计、晴雨表，他可以通过人的面部表情、言语、文字、行动表现出来，当男生意识不到自己情绪的变化时，父母可以慢慢地引导，让他逐渐认识和感觉到自己情绪的变化，比如，当带孩子出去游玩时，可以乘机问"你现在是什么感觉""愉快还是生气""紧张还是烦恼"逐渐让男生树

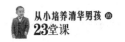
立"情绪意识"。

在此基础上，父母要教导男生学会适当的情绪表达方式。比如，男生生气时，要打人、砸东西、冲人大喊大叫，或者伤害自己。这显然是不行的，必须让他克制这种不恰当的发泄方式，但不是说，不让他发泄，不良情绪得不到疏解往往会影响孩子正常的身体健康和心理健康。这时，父母可以鼓励男生诉说他的愤怒，并耐心倾听他的烦恼，不要马上反驳和否定，男生在诉说和发泄的过程中怒意会慢慢消失，情绪会慢慢稳定下来。

为此，我们总结了以下几种常见的情绪不稳定的成因并提出了建设性的处理方案。

（1）压力太大引发的暴躁、忧郁。孩子的压力大多来自读书及功课，成绩越好，父母的期望值也越高，所以孩子所承受的压力也越大，当压力超过他们正常的承受能力的时候，很容易导致他们忧郁、暴躁和发脾气等。

建议：

①父母可以利用周末或者晚上放学后的时间带孩子适当地参加一些娱乐活动，去一些娱乐场所放松一下，或者安排一些没有竞争输赢的轻松活动去舒压。

②父母不要老是盯着孩子的成绩单，稍有退步就给孩子施加压力。只要他能一直保持一个水准，就不要再施压，让孩子有一个自己取舍的空间。

③可以经常和孩子聊天，为他分担一些忧虑。

④多鼓励孩子用语言来表达情绪，而不是肢体语言。

（2）自卑，男生如果长期得不到重视，没有成就感，很容易陷入自卑的境地。他会感到自己比不上他人，会很容易情绪低落以及提不起精神。

建议：

①家长或老师要多给男孩一些称赞和鼓励，对他的努力、成果及进步及时给予关注和表扬，少批评他的错误。

②要多发掘孩子的潜质及优点。

③培养孩子各方面的能力。

（3）父母情绪不稳定，脾气暴躁最容易令孩子情绪波动，父母会传染给孩子，假如父母长时间感受到无助、挫败及压抑时，一定不要在孩子面前表现，要找适当的方式调节。

建议：

①当孩子留意到你伤心而问你时，不要隐瞒也不要伪装，可以告诉他"妈妈因为工作事情好烦恼，但与你无关（孩子会以为由他而起的），多谢你关心。"

②当你因孩子打架问题而感到十分愤怒时，可以跟他说"我现在非常生气，想打你骂你，但是我要冷静一会儿再处理这件事"。当父母激动时去处理问题，会容易因发泄怒气而大骂他们，伤害孩子的自尊和亲子感情。父母如果在此时能很好地控制自己的情绪的话，往往会让孩子很受教。

（4）当孩子感觉不被爱和不被重视时，就会感觉欠缺安全感，会引发他们的忧郁、恐惧、悲伤、紧张等情绪。

建议：

①父母可以多用言语来表达对儿子的关爱，比如，可以对男生说，"儿子，我想你了""我爱你，儿子！"等等。

②可以多用身体接触，比如，抱他、轻拍孩子的头、亲亲他的脸。

③多抽时间陪孩子做游戏、聊天和看书等。

（5）太多的体罚和责备，会对孩子的情绪及自尊产生影响。

建议：

①父母要尽量减少或停止体罚，多用说教的方式引导孩子。

②多称赞孩子。

总之，父母一定不能忽视男生的情绪教育，要在理解他们的基础上，教导他们梳理自己情绪的方式，培养和建立他们良好的情绪，促使他们更加自信地走向成功。

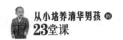
3. 幽默的男孩更有魅力

有幽默感的男孩才富有活力、充满魅力，幽默是一种心态，是一种健康、有益的情绪，它可以给枯燥的人们带来欢笑，能使平淡的生活充满情趣，更是学业进步、事业发展的润滑剂。一个有幽默感的男孩不仅能赢得别人的关注和欢迎，还能在"逐鹿清华"的战场上更富战斗力和信心以及胜出的把握。

幽默是情商的重要组成部分，有幽默感的男生是活泼开朗的，人际关系也会比不具有幽默感的男生好得多。可以毫不夸张地说，哪里有幽默，哪里就会有开怀的笑声和成功的喜悦。据研究发现，每天发自内心地大笑三声还能延长人的寿命。

幽默作为一种特殊的情绪表现，是人们适应环境的一种工具，是人类面临困境时减轻精神和心理压力的方法之一。俄国文学家契诃夫说过：不懂得开玩笑的人，是没有希望的人。

幽默，对于男生尤其重要，它唤起的是别人的尊重。一个恰到好处的幽默会让人如沐春风，不仅是对别人的尊重，更能让男生获得别人对他的尊重。

聪明的男生不一定幽默，但幽默的男生一定聪明。所以，聪明的父母要想培养出聪明的男生，不妨教他学会幽默。幽默可以淡化消极情绪，消除沮丧和痛苦心理。具有幽默感的男生，生活充满情趣，许多看来令人痛苦烦恼的事情，他们却能轻松自如地应付。用幽默来处理烦恼与问题，会让自己以及周围的人感到和谐愉快。

如今的社会，压力越来越大，尤其是男生，走入社会后，面临着工作、家庭、生活等方方面面的巨大压力，适当的幽默不仅可以帮助男生自我调节，更重要的是能够树立他在别人眼中的良好形象，赢得他人的喜爱，从而获得他人更多的支持和帮助。

幽默感是可以培养的，美国许多父母在婴儿出世才6周时便开始了他们独特的"早期幽默感训练"。比如，当你故意抱着孩子做"下坠"动作时，一些孩子在体会下落感觉的同时，还会无师自通地意识到大人是在逗自己玩儿，小脸上可能会荡漾起笑容。这就是孩子最初的幽默感。

另外，一周岁左右的孩子已经对他人的面部表情十分敏感。在孩子学步摔倒大哭时，父母不妨冲他做个鬼脸以示安抚——此时他往往会被你扮的鬼脸引得破涕为笑。两周岁的幼儿已能从身体或物品的不和谐性中发现幽默。

其实，很多孩子天生就具有幽默细胞，如果父母能更好地训练，不断培养他幽默的情操和心态，就会使孩子的幽默感慢慢地强化。幽默还是一种智慧的体现，它往往建立在丰富的知识基础之上。当男生走向社会，慢慢地具备审时度势的能力和广博的知识后，才能谈资丰富，妙语连珠，从而做到恰当的幽默。所以，父母要培养男生的幽默，还必须让他广泛涉猎，不断充实自我，不断从浩瀚的书海中收集幽默的浪花，从名人趣事的精华中撷取幽默的元素。

有一次，美国总统林肯正在擦自己的皮鞋，一个外国外交官向他走来说："总统先生，您竟擦自己的皮鞋？"

"是的，"林肯诧异地反问，"难道你擦别人的皮鞋？"

林肯的幽默不仅令人捧腹，还透着一种机敏和智慧，一种宽容和不失

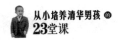

风度的回击。这是值得我们学习的，一个拥有乐观的精神和宽广的胸襟的人才能成就大事，父母要学会培养男生幽默的心态，让他的生活多一点趣味和轻松，多一点笑容和游戏，多一份乐观与幽默，那么即使他将来遇到一些克服不了的困难，也不会感慨命运不公，怨天尤人。

总之，要让男生学会管理自己的情绪，最重要的还是要培养男孩幽默的心态，幽默不仅更有利于男生将来的工作、事业和家庭，还会唤起别人对他的关注和尊重，让男生更显魅力，更有自信，从而促使他们将来迈向成功。

培养独立思考的能力，让男孩轻轻松松走进清华门

　　父母要想把一个普通男孩培养成清华才子，不能只要求他们学会纯粹的记忆。纯粹靠记忆的学习方法，不仅会让男孩对学习感到疲惫、厌倦，而且会限制他们智力的开发与提高。真正成功的教育，应该注重培养男孩独立、积极、多角度思考问题的能力，尤其是在今天这个信息时代，面对海量的信息，他们能否分析、判断出最有价值的信息是成功的关键环节。所以，培养和提高男孩思考问题的能力，尤其是发散思维的能力，在教育工作中尤为重要。

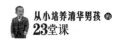
1. 不要代替男孩思考，而要协助他分析

学会独立思考问题，有利于男孩从容应对各种人生挑战。更重要的是，学会独立思考问题，能让他们从思想的海洋中汲取无穷的乐趣，这样他们以后一定能把自己的人生打扮得更加绚丽多彩、充实完善，爱因斯坦说过："学会独立思考和独立判断比获得知识更重要。不下决心培养思考习惯的人，将失去生活的最大乐趣。"现实生活中，有很多父母对男孩管得太多太严，看到他们稍有做得不对的地方就出面干预甚至横加阻拦，恨不得取而代之，这样做其实会剥夺他们的思考机会，扼杀他们的思考能力，是绝对要不得的。

在家庭教育中，很多父母常常会把自己设定为主导地位，男生做什么父母都会干预。其实，男生的各种活动就是他们的实践行为，是他们增长知识、锻炼才干的途径。父母老是介入其中，扮演"救生员"的角色，等于是让男生成长在一个密封的环境中。在面对很多问题的时候，他不需要自己去思考，就不会获得新的知识和经验。

父母之所以会充当救生员的身份，一方面是因为对儿子的爱，另一方面是父母低估了男生的主动解决问题的能力，总是对他的活动做过于周到的安排，甚至在他吃饭时也不停地指挥他们"吃一口这个，再咬那一口"。还有，很多父母在男生玩的时候，也出现了干涉太多的问题。

妈妈看着四岁的儿子在玩智力拼图游戏，看到他把几块图形放错了，就急不可耐地说："错了！不是应该放在那里。"儿子听了后调整了摆放的位置，但还是不对。妈妈终于忍不住了，上前帮儿子摆好。

男生处于成长阶段，对很多事物的认识还处于不完善阶段，思考的范畴也非常的狭窄。男生在行动的时候，还不能同时参考很多因素。所以，男生做事慢、表现不好属于正常现象，父母不必着急。这位妈妈可能没有想到，自己的做法会使儿子的思维受到扼制，只会增加他的依赖感，扼杀他处于萌芽状态下主动思考的能力。如果妈妈不加干涉，让儿子继续去做，儿子有可能自觉地意识到存在错误，及时调整过来。即使是成年人在面对未知事物的时候，也会存在茫然、不解、探索、调整等步骤，更何况是一个孩子呢！

这是思考的正常过程。在男生遇到问题的时候，父母适当地保持沉默，可以促使他形成一种思考分析问题的能力。父母不要因为一时的好意，在不知不觉中忽视了男生成长的需要。父母对男生过度保护、过分庇护的教养方式的结果必然剥夺了他获得经验的机会，使他的表现欲受到挫折，体会不到努力的乐趣，享受不到成功的喜悦，还助长了他们依赖、脆弱或对抗、厌恶的心理。

在家庭中，父母营造思考的氛围，对培养男生的思考能力非常重要。父母不能因为男孩年龄小就以为他不懂事、需要大人照顾。这种想法等于是把男生当做父母的附属品。父母常会以自己为中心，不去考虑自己的教育方式是否被男生所接受。通常男生的性格特点是喜欢挑战的，有着不依赖他人而独立活动的愿望，一旦在独立活动中获得成功，他会体验到成功的喜悦。父母应创设条件培养男生思考问题的机会，千万不要包办代替。父母"适时地放手"是对男生最好的教育方式。

父母在与男生相处过程中，要经常以商量的口吻进行讨论式的协商，留给他思考的余地，要给他提出想法的机会。父母可根据交谈内容经常发问，如："他（它）们之间有什么关系？""你觉得怎么做会更好些？""你的想法有根据吗？"等问题。当男生有什么问题不懂的时候，

父母不要急于把答案告诉他。父母用疑问的语气来询问男生，促使其思考更多。在父母的提问下，引发他的思考能力。

父母还要做一位倾听者。男生在思考问题的时候，由于自身的局限，很多想法不可避免地闹出笑话。即便如此，父母也不要对男生灰心，和急于纠正，要努力寻找他的结论中有趣的、有道理的论点，鼓励他深入地"阐述"，使他尝到思考的乐趣，以及增强自我探索的信心。

在生活中男生可能会为了获得某一个答案而采取行动，父母不要轻易地介入男生的活动，只要不会发生危险，就不必干涉他的实践活动。即使是男生提出要求需要帮助，父母也要尽可能地鼓励他自己思考、克服困难、解决问题，千万不要什么事情都包办代替。在进行教育的时候，父母不能代替他思考，但是可以参与他的思考。当然，父母参与的比重要尽量小。

父母要明白男生是一个独立的个体，应该允许他们有自己的思考空间。也许，父母可以代替他思考，但是不可以代替他成长。男生总有一天要独自面对这个世界，没有思考能力如何能应对激烈的竞争呢？

总之，父母不要把男生的一切都安排得十分妥帖周到，从不让他自己去考虑。为了男生有一个美好的将来，父母要给他营造一个思考的空间，只有父母放开手，鼓励男生大胆地去想，并认真倾听他的想法，他才会渐渐拥有思考的习惯。即使偶尔需要父母的思想代替男生的思想时，也应与男生一同把两种思想作一比较，让男生不但知其然，还要知其所以然。这样，才有助于培养男生思考问题的能力。

2. 不要摧残男孩的想象力

很多时候人们思考问题，就是在原有的知识上通过追加想象，获得解决了问题的答案。想象力是人们思考问题的推进器。所以，在男孩发挥想象力的时候，不管他们想到了什么，想得错对与否，父母都要积极、认真地听取，因为父母的态度决定他们想象力的发挥与进一步提升的空间。

提起中国的孩子，都会评价他们知识基础扎实，但想象力不足。而国外的孩子在这方面比中国孩子略胜一筹。中国孩子的想象力到哪里去了呢？想象力是每个人都有的一种认知能力，并非是外国孩子所特有，但为什么中国孩子的想象力就是不足呢？这种差异不是天生就有的，而是后天教育培养的结果，"人为的束缚"或者"人为的忽视"。

哈尔滨市少儿活动中心曾经创办了一个绘画班，目的是为了保护孩子们的想象力。然而事情的结果，却叫主办者哭笑不得。在想象绘画班开办了一段时间后，主办方为家长们开了一个绘画成果展。在这次画展上，各位家长看到了孩子们把马画成蓝色、绿色家长们都很生气，埋怨老师是怎么教育孩子的？这不是误人子弟吗？尽管校方再三向家长解释，这是要给孩子一个想象的创作空间，还是有80%的家长让孩子退了学。

生活中有很多例子可以证明男生的想象力正在丧失。父母是不是遇到过这样的情况：儿子两三岁的时候，父母画一个圆，问他是什么，她可以说出一连串的答案：太阳，苹果，嘴巴，皮球，爸爸的自行车……而等到

儿子长大了一些，父母再问他，他的答案则越来越简单：圆形，零。男生长大了，但是想象力却没了。

儿童时期是培养想象力的最佳时机，男生丰富的想象往往会促成奇妙的创新。作为父母，当面对男生神奇丰富的想象，充满灵气的妙答时，应该为他们感到高兴。让男生都插上想象的翅膀，别怕他们会摔痛。

儿子遇到了一件让他感觉委屈的事：一道语文题要学生写出"圆"的反义词，他写的是"扁"，而妈妈认为应该是"方"，批评他连这么简单的题都不会。儿子就跑去把他的一个小皮球放掉气，满脸不高兴地说："不圆了，就是扁了嘛，妈妈为什么说我错了呢？"妈妈愣住了。

面对这样的情况父母应该怎么办呢？很多人在被问到"园"反义词时，都会不假思索的回答是"方"。但是仔细思考成年人是否应该怀疑自己的答案是不是唯一正确的呢？其实，两种答案应该都可以，但"方"好像比"扁"更正确。到底是谁摧残了男生的想象力？在男生成长的过程中，接触了越来越多的知识。而很多的知识都是已经标准化的答案，或者是成年人约定俗成的观点。男生成了知识的接受者，对待这些标准答案只能够被动地接受，而没有发表自己意见和看法的权利。他的想象在父母眼中是不切实际，毫无意义的胡思乱想。

标准答案是消磨男生想象力的凶手。在面对"圆"与"方"这道题时，父母应用一个开放的心态来对待男生的答案。如果男生的答案有着合理的部分，父母就应该给予鼓励，而不能因为他的答案与标准的不一致就全盘否定。那样的话父母否定的不是男生的答案，而是他的想象力。父母的批评就是在限制男生的想象力。但男生的想象力受到限制时，其他方面的能力也会受到限制，比如创造力、分析力。这样的男生还能够有聪明、灵活的头脑吗？

父母在教育男生的时候要避免定性思维。父母要给男生一个想象的空间，如果过于讲求实用，或者过于强调非此即彼，就容易让男生的思维格式化。男生有了定性思维，就会顺应父母的模式去思考问题、解决问题。男生按照父母的思维模式很好地解决了问题，会更多的得到父母的表扬；如果没有把问题解决好，也不遭到过分的责骂，因为他只是服从父母的"命令"。父母给男生灌输了一种定性思维，也可以算是一种成熟，然而代价却是想象的翅膀被折断。更糟糕的是没有想象力的男生，他的将来会怎样？男生在成长过程中，会对自己产生心理需要和期望要求。如果父母一再否定他的想象，等于在否定他的能力，亲子之间就会变得疏远。有的父母在教育男生时缺乏足够的耐心，看到孩子总是冒出"不靠谱"的想法，便会泼上一盆冷水，以便让他的想法更符合某种固定的想法。作为父母应该允许男生有奇思妙想，不要过多地干涉他的想象，不过可以用探讨的方式向他的想象提问，从而激发他更多的想象。男生的想象力无处不在，父母只要开放自己的思维，放开男生的手脚就可以取得事半功倍的效果。

男生的成长过程不应该是一个思维越来越定式化的过程，也不应该是想象的空间越来越窄的过程。父母是男生最亲近的人，所以父母的言行对他有着重要的影响。受到否定的他，怎么还会快乐地思考，获得更多想象的灵感呢？生活在鼓励与肯定下的男生，必然会对世界充满好奇，激发他发挥想象的潜能。父母要耐心倾听男生的想象，才能够分享他的想法，真诚地为他的进步而高兴，为他的成功而喝彩。

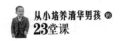
3. 父母怎么做，男孩才会思考

思考能力标志着一个人的成熟程度，同时也显示了一个人的能力。思考能力是能力训练的一项重要内容。一个会思考问题的男孩能够在面对危机的时刻，迅速做出正确的判断和决定，能够在激烈的竞争中，让自己立于不败之地……那么，父母怎么做，才能让男孩学会思考呢？

对男生而言，在机械的记忆和死板的活动中，根本无法学会思考，只有在思考中玩耍，在思考中学习，他们才能真正学会思考。父母教育男生要懂得调动他的主动性、参与性，同时给予相应的关心和指导。

（1）丰富男生的生活经验，为思考问题储备知识。

思考问题的能力是在男生大量的生活经验基础上积累起来的。假设父母让男生去思考和解决一个他从来没有听说和见过的问题，这对他来说是一件非常困难的事情。男生的思考能力离不开生活经验的积累。父母要帮助男生积累的生活经验正是帮助他在头脑中积累思考问题的辅助资料。男生的生活经验积累越多，就越容易将相关的问题联系起来。

父母要指导男生多接触事物、多观察事物，加深对事物的理解，丰富知识，增加表象储备，为思考能力的发展做好准备。在家庭教育中，父母要经常带着男生走向大自然，与社会接触，目的是丰富他的生活经验，在头脑中留下更多的印象，为思考的发展打下基础。

（2）自己会拿主意的男生，是会思考的男生。

在面对选择的时候，父母不要替他拿主意，把选择权交给男生。男生年龄再小也有选择的权利。在选择的过程中，男生学会了放弃，懂得了根据自己的需要思考问题和做出选择。

洋洋和妈妈一起去超市。在食品区，洋洋想买好几样好吃的。妈妈说："你要是买巧克力派，就不能买棒棒糖，也不能买巧克力豆了。在这几种甜食中，你只能挑一种。"洋洋想了想："好，那我只买巧克力派，我不想买棒棒糖了，也不想买巧克力豆了。"妈妈心里很奇怪，以前他很喜欢吃棒棒糖的，怎么今天要吃巧克力派了呢？妈妈又再追问了一遍，洋洋还是坚持自己的想法，只要巧克力派，妈妈没再说什么，就按照他的决定买了巧克力派。

能够做决定是男生有判断、思考能力的一个重要特征。如果男生经常说："妈妈，我该怎么办呢？"，"妈妈，这个我不会弄！""妈妈，你去替我做"。这样的男生在遇到困难时，本能的想法就是请父母帮忙，就等于是让父母替他思考。针对这样的男生，父母可以利用生活中发生的具体问题，故意的不去理睬他的求助，提供机会让男生学会自己面对问题，并想出解决问题的方法。

（3）启发式教育给男生更多地思考空间。

学而优则仕的教育理念僵化了中国孩子的思维，父母给男生的脑袋里灌满了太多"标准答案"，让他们形成了一种定性的思维，不仅体会不到思考的快乐，更不会爆发出任何奇思妙想。

歌德是世界瞩目的作家。在歌德小时候，母亲常给他讲故事，但母亲给她讲故事的方法比较独特，总是在讲到中途的时候停下来，留下一个让小歌德想象的余地，让他自己发挥想象，思考后面的故事情节。这就很好地激发和保护了歌德的想象力和思考力，使歌德后来成为了举世闻名的大作家。

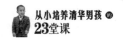

父母在教育男生的时候，要给他思考问题的空间。父母的灌输也可以让男生积累知识，但是通过男生自己思考得来的知识是最能让他记得牢，学得好的。在男生遇到问题的时候，父母总是直接把答案告诉给他，或者急于纠正他的错误，会消磨掉男生思考问题的主动性。父母应该启发男生独自思考，还要允许他犯错误。错误可以让他获得更多的经验，为以后的思考作参考。

（4）给男生轻松的氛围，鼓励他表达自己的观点。

男生将想地说出来也是一个过程，他不但是将生活经验梳理的过程，也是将经验在头脑中组织、整理后表达的过程。我们鼓励男生大胆地想，还要鼓励他大胆地说。当男生把自己思考出的结论说出来时，父母不能简单地一句"瞎说"就将他打发，而是应该仔细地问问他为什么会有这样的结论。即使男生的观点真的不对，父母在纠正时也要做出积极地引导和给出合理的解释。面对孩子的思考，父母要给予重视和肯定。父母积极的态度，能够带动他积极的情绪，继续思考下去。也就是说男生的思考在得到了父母尊重的同时，也会保持一种向上的力量；反之，父母盲目地否定了男生的思考，会让男生对自己感到失望，放弃继续思考的努力。思考问题的能力是一种抽象的思维活动。父母培养男生的这种能力需要一个长时间的教育过程。最初的时候会表现得不成熟，但也是他思考的结果。父母要保护他思考问题的欲望，培养他多思考的习惯。生活中父母要尊重男生的思考，只要是合理的就让他做他想做的事情，鼓励他在探索中思考问题。父母也不要以权威者自居，有的时候男生思考的结果可能更新颖、更巧妙、更智慧。

第八堂课

明确的目标，指引男孩向清华一路前行

目标是指人们所渴望实现的目的，或者是希望预期达到的标准。无论做什么事，人们都应当有自己的目标。有了目标就有了方向，有了方向就会集中精力朝方向迈进，就容易把事业干成。一个人如果没有目标，就会像一艘没有航向的船，在海上它就会随波逐流，漂漂荡荡，其结果可能是无果而终，也可能是被风浪打翻，永沉海底。同样，父母教育男孩也要有强的方向性，父母有了方向，教育才能有的放矢，孩子有了方向，才能集中精力朝方向努力。以清华为目标和方向，是男孩向清华迈进的第一步。

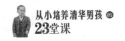

1. 目标就像一个灯塔，照亮男孩前进的道路

前进的道路是由目标指引的，准确地把握人生之舟的航向，是通向成功的第一步。目标就像一个灯塔，照亮了男孩前进的道路。因为制定了目标，才有了前进的方向；明确了奋斗的目标，才会提高成长的效率。父母要培养男孩制定目标的好习惯。

人们要想获得成功，第一要紧的事就是树立目标。有了目标，生活就会充满乐趣；有了目标，人生才有努力的方向。现实生活中有很多人，整天辛勤工作，从不偷懒，但一生只能养家糊口。从外在表现看，不能说他们不够努力，他们同样对工作兢兢业业，对生活认真负责，他们也是值得人们敬佩的，但他们的人生并不精彩。相比之下，一些并没有他们勤奋的人却取得了比他们要大得多的成就，过上了比他们更充实的生活。这其中的秘诀就是：所有成功人士做事都有明确的目标。

人们要想获得成功离不开明确的目标。不管是在学习还是在生活中，一个有目标的男生，毫无疑问会比一个没有目标的男生更有作为；虽然目标不能完全实现，但成功的概率要大大高于那些没有人生目标的人。

男生在家庭中承担着更多的责任，所以人们会对他们抱有更多的期望。父母要告诉儿子：明确的目标，会为你指引一条踏上成功的非凡之路。很多没有目标的人无论在生活中，还是在事业上，都容易随波逐流。所以，在男生成长的每一天，都离不开目标。父母不希望儿子们整天无所事事，虚度此生，那就培养他制定目标的习惯吧。

　　1953年，美国耶鲁大学曾经对毕业的学生进行了一次有关人生目标的研究调查。首先，研究人员向参与调查的学生们问了这样一个问题："你们有人生目标吗？"对于这个问题，只有10%的学生确认他们有目标。接着，研究人员又问了学生们第二个问题："如果你们有目标，那么，你们是否把自己的目标写下来呢？"这次，只剩下了3%的学生回答有这样做过。

　　在20年之后，耶鲁大学的研究人员在世界各地追访当年参与调查的学生。结果调查人员发现，当年白纸黑字把自己的人生目标写下来的那些人，无论从事业发展还是从生活水平上看，都远远超过那些没有这样做的同龄人。这3%的人所拥有的财富居然超过了余下的97%的人的总和。这3%的人之所以成功，就是因为他们有明确的目标。

　　每一位父母都希望儿子成为家中的顶梁柱，希望他拥有一个成功的人生，有一个美好的前途，过上幸福的生活。那么，什么才算是成功呢？成功就是实现既定的目标。什么是目标呢？目标就是人们渴望实现的梦想，是催人奋进的动力。父母要告诉男生，人生要有目标，生活要有目标，工作也要有目标，还应该是有意义的目标，而且努力地去找寻这些目标。

　　不过，有的父母可能会认为：孩子还小有必要为他定目标吗？这样的父母还没有认识到帮助儿子树立目标的重要性。其实，男生不必从小就立下远大的目标，但是父母要培养男生树立目标的习惯。很多事情都需要计划，设定目标，小到琐碎的日常生活。人们的生活何尝不是由一个又一个目标组成的呢？父母要做有心人，为儿子创造设立目标的机会。

　　星期天，爸爸带着亮亮去登山。亮亮有些走不动了，不愿意继续往上走。爸爸对亮亮说："咱们已经到这里了，亮亮加油啊！"亮亮坐在地上耍赖，说："不往上走了，我累，咱们回去吧！"爸爸说："咱们已经接近山顶了，怎么可以放弃呢？"亮亮撅着嘴，仍是没有动一动的意思。爸爸说："我相信亮亮能20分钟之内登上山顶。亮亮，你相信自己吗？"亮亮说："我已经走不动了，爸爸不要笑话我了。"爸爸盯着亮亮的眼睛

说："不信咱们可以打赌，爸爸相信亮亮能够成功的。别忘了，还有爸爸在呢！"亮亮受到了爸爸的鼓舞，从地上跳了起来，说："好，咱们的目标是20分钟之内登上山顶。"亮亮说完，跑到了爸爸的前面继续登山。一会儿，他们登上了山顶。爸爸高兴地拍了拍亮亮的肩膀说："儿子，好样的，你做到了。"

目标能够调动男生的积极性。目标是一种召唤，是一种动力，是一种吸引，也是一种激励。当男生有了明确的目标，才能在人生的旅途中疾步如飞，奔向成功。当男生有了清晰的目标，才能够战胜各种诱惑，排除一切干扰，始终保持清醒的头脑。父母要男生树立一个目标，让这个目标帮助男生战胜惰性，成为自主的、积极的、努力的人。

目标是为男生引航的灯塔，照亮了男生前进的道路。美国哲学家爱默生说过："一心向着自己的目标前进的人，整个世界都给他让路"。当男生有了自己的目标，就知道往哪里去，去追求些什么。当男生专注于这一个目标，就会坚持下去，直到取得成功的那一天。

2. 帮助男孩实现他的人生目标

如果没有理想，没有目标，人生将毫无意义和价值。因此，目标可以成为男孩的风向标，让他们有一个明确的奋斗方向。父母要做的事情就是教育男孩确定自己的奋斗目标，帮助他们走上成才之路，而走上清华之路只不过是万千成才路的其中之一条。

男生想成为什么样的人或者想做成什么样的事，这就是他为自己所设定的目标。但不论这些目标看起来有多么遥不可及，父母都不要忘记：你的儿子正处于模仿阶段。也就是说，男生年龄还小，很多方面都不成熟，他们脑中只是冒出了一些想法，可能自己也不知道哪个想法是有可能变成一个有意义的目标，所以更别提如何去实现梦想了。但父母有一种不可推卸的责任，那就是帮助男生制定实现目标的步骤。

父母要帮助男生进行自我分析。父母要清楚自己的儿子有什么样的优点，适合做什么样的事情。同时让儿子学习成功者的长处，不断地改正他的缺点，这样目标实现的机会才会越大。比如，男生看到电视上的警察抓坏人，非常的厉害，希望自己也能够成为一名警察。父母应该告诉男生，要想成为一名警察，首先要锻炼好自己的身体，而且警察的工作具有危险性，所以成为警察还要勇敢……如果父母有能力就去寻找男生所感兴趣的领域或特殊行业中工作的人，谈谈有关他或她在工作中的一些实际情况，不论这些情况是好还是坏。

父母要先分析男生的年龄、心理、性格特点、理解能力等，再帮男生

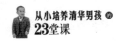

设定目标，使他能够接受。如果男生擅长运动项目，就不要勉强他去学绘画。一动一静的反差，很容易扼杀男生活泼好动的天性。父母要首先发现男生哪方面能力强，然后再让他自己发现自己、自己认识自己。再和他一起制定经过努力就可以实现的目标。现实中大多数成才的人往往是受了某个人的重要提醒。

有这样一个故事：一天，男生在楼道里遇到了校长。校长叫出了他的名字，还夸他作文写得不错。男孩听后大受鼓舞，心想：全校有几千学生，校长怎么会认识我？说明我的作文真有水平，还有点儿名气呢。从此，这个男生信心大增，花了很多精力在语文上，对作文的兴趣越来越浓。后来，他成为一名作家，写出很多优秀的文学作品。

父母帮助男生探索他的人生目标，不管那个目标会是什么样的。父母都要和儿子一起，找出实现梦想所必须做的准备工作，调查一下获得成功需要学习哪些技术和接受哪种教育。提醒男生目标的实现需要努力的学习、坚定的决心和经历失败的考验。

父母要引导男生设置"看得见"的目标。也就是说给男生一个切实可行的目标，否则就很难实现。这个目标既不能高，也不能低。如果目标太高了，可望而不可及，只能让男生收获失败；太低了，男生轻易得手，不当回事，激发不起奋发努力的热情。这好比是让男生去参加一次短跑，和比他优秀很多的人一起跑，男生肯定不会获胜。反之，男生总是和比自己差很多的人比赛，胜利总会唾手可得。经过努力可以达到预期效果的目标才可以作为男生的目标。比如，父母在为男生设立学习目标时，聪明的做法是把目标锁定在男生经过努力是可以达到的分数线上。

为了能够"看见"目标，父母要帮助男生把目标变得有科学性和计划性。父母可以把目标分为长期目标、中期目标、短期目标。长期的目标需要根据男生的特长、爱好、兴趣等，做出多年的规划。中期目标是需要付出较大努力才会达到的目标，而短期目标是稍加努力就可以实现的目标。

有了科学的计划，男生在实现目标时就可以事半功倍。

另外，父母为男生制定实现目标的计划，必须要符合客观现实。男生终究是天真的，很容易受到外界的影响。比如看过动画片之后，有的男孩很想成为拯救世界的"超人"，觉得世界上没有什么解决不了的问题。解决这种问题的最好方法就是用生活中现实的形象来代替虚拟的形象。比如：用警察、消防员、军人等等来代替超人。这样引导男生的目标，不仅有利于培养他的使命感，也容易让他在生活中找到现实的学习榜样。男生不切实际的梦想，被父母巧妙地化解了，还不会伤害到男生的自尊心和积极性。

男生实现目标离不开实际行动。即使是很小的目标，如果不去行动、努力、争取、奋斗，也不可能获得成功。就算成功的机会摆在男生的面前，他也抓不住。要想把目标变成现实需要男生马上行动。男生正处于学习知识的宝贵阶段，必须在宝贵的时间内学好技能和知识，才会有能力实现目标。

总之，一个好的、切合实际的目标，应该是父母与儿子经过严肃、认真的讨论后共同定下来的，绝不是父母主观臆断的结果。在现实生活中，父母在规划男生的人生目标时，切忌角色换位，不要把自己的目标强加给男生。父母单方面确定的目标，往往是一相情愿，起不到激励男生的作用。在好的目标定下来之后，细心的父母就可以帮助男生制定一个符合实际的实现计划和"达标"措施，以保证男生人生目标的实现。

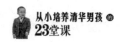
3. 在实现目标的过程上，给男孩自强不息的精神

自强不息就是一种永不放弃、永不言败、奋斗不止的力量，是一种生生不息、永不退缩的精神，是一种创造不息、前进不止的动力。这种精神是人的生存之本，创造之源。如果男孩有了这种精神，必定可以实现他的人生目标——清华也只是囊中之物。

在实现目标的过程中，父母要给男生自强不息的力量。男生以自强不息的精神激励自己，何愁不能走向成功的巅峰，何愁不能成就一番事业？在现实生活中，很多男生在实现目标的路上半途而废，原因在于他们缺少这种精神，遇到困难就会容易退缩。

世界上最贫穷的人并不是身无分文的人，而是没有自强不息精神的人。想别人之不敢想，做别人之不敢做。当男生胸怀天下，有着自强不息的精神时，即使目标再远大也不会觉得遥不可及。男生有了自强不息的精神，就不会满足于现状，会奋斗不息、追求不止，抱有更大的人生目标。男生拥有了属于自己的目标之后，才会在成功之路上迈出第一步，剩下的路虽然充满艰辛，但自强不息的精神会让他长期而执著地坚持着对目标的追求和实现。

在男生成功的道路上，长期而执著的坚持自己的目标不是一件容易的事，他会遇到各种各样的压力，如果他开始妥协，修正或改变了自己的目标，就会偏离原来的航向，使自己离成功越来越远，离最初的目标越来越远，最终只能重新选择一个眼前的目标来完成。他也就谈不上获得成功了。但如果男生有了自强不息的精神，就会有力量挪开这块绊脚石，继续向着自己的目标前进。

父母要让男生对目标表现出自强不息的精神，就要从呵护男生的目标做起。在电视剧《士兵突击》中许三多是普通农民的儿子，老实得有点傻，而且笨的让人无法理解，走到哪里都被人看不起，被人嘲笑。在很多人眼中他是一个毫无希望的小战士，但班长史今从来没有嘲笑过他想当一个好兵的愿望，并且告诉他："不抛弃，不放弃"的道理。许三多不放弃希望，加上自己的努力和战友的鼓励，不断地去找寻属于自己的理想目标，最终实现了自己的理想。

在生活中，父母就应该就像剧中的班长史今，告诉男生：成功源于对目标长期而执著的坚持。这是一种自强不息的精神。同时，父母在帮助男生实现人生目标时，需要投入情感因素——希望与鼓励。父母要相信他能够实现目标，也要鼓励他去努力实现目标。

美国的一个家庭中，妈妈正在厨房准备晚餐，院子里传来了蹦蹦跳跳的声音，那是她年幼的儿子在玩耍。

"你在干什么？"妈妈问道。儿子回答说："妈妈，我想跳到月亮上面去。"

妈妈没有骂他玩得忘乎所以，也没有叫他回来洗手，而是冲着儿子说："好啊，别忘了回家！"后来，这个孩子成为了地球上第一个登上月球的人，他就是美国宇航员阿姆斯特朗。

不要觉得美国的父母有些幼稚，他们也不是在糊弄孩子，他们是在呵护男生的目标。目标就像是一颗埋在土里的种子，只要条件允许它就可能破土而出，长成参天大树。当男生有了不切实际的目标时，父母也不要嘲笑他的目标。父母要适当地允许男生"白日做梦"，因为有的时候，最无用就是大用。父母尊重男生的目标，他才会有信心去实现目标，从而培养出永不放弃、奋斗不止的自强精神。

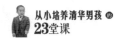
在对男生的教育过程中，父母要注意培养男生的乐观、自信、勇敢的个人品质，这对他实现梦想很重要。当一个目标达到时，父母就要给予奖励。这样，就会给男生以鼓励，提高男生奋发向上的自信心，促进他今后的学习和进步。当父母发现男生表现得不好或犯了错误时，也不要采用简单粗暴的方式对待孩子。打骂并不能使男生从中受到教育，甚至还会把男生打得堕落消沉。

父亲发现儿子很喜欢画画，于是就给儿子设想了一个当画家的人生目标。他要求儿子每天在完成文化课后，练习画画，一天也不能偷懒。儿子很听话，认认真真、毫无意见地完成了父母给他定下的目标。不久，儿子有些厌烦了这样枯燥的生活，以前能给他带来乐趣的绘画已经成为了他的负担。终于有一天，儿子丢下手中的画笔，和小伙伴一起出去玩了。晚上回到家后，父母重重地打了儿子一顿，但儿子却倔强地对父亲说："我以后再也不想画画了。"

让男生能够自强不息地为了目标而努力，是一个长期的教育过程，不是靠父母的打骂可以逼出来的。也许打骂可以使男生一时表面服从，但心里却是反感的。父母用这种办法，不但不能把男生教育好，反而会损伤他的自尊心，养成自卑、胆小、孤僻、撒谎等不正常的性格。

父母不是简单地告诉男生应当有什么样的目标，而是要告诉他要有自强不息的精神。当然，这种精神不是与生俱来的，这需要父母通过长期的教育才能培养出来的。培养了不起的男生是一个具体的、漫长的过程，所谓"十年树木，百年树人"讲的就是这个道理。让男生能够对自己的目标抱有自强不息的精神不是一件容易的事，但却是十分必要的。

第九堂课

自信的男孩，更具有成功进军清华的底气

　　自信的人更有希望成功，并且相信通过自己的努力可以获得成功。自信的人对生活表现出一种乐观的态度，对自我的评价呈现出积极的态度。没有自信的人则会表现得悲观、消极、软弱、低能、对任何事都缺乏兴趣。自信是人们获得成功的必要条件。如果一个男孩拥有了自信，他就会发自内心地自我肯定，对自己进军清华就会更有底气。

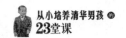

1. 父母的肯定和赞赏让男孩更自信

　　勇于表达自己的意见、说话掷地有声、在陌生人面前不怕羞、遇到困难敢于挑战……恐怕每个家长都希望自己的儿子能拥有这样的特质，成为一个自信的男孩。那么，在生活中父母应该如何培养男孩的自信呢？很简单，父母的肯定和适时地赞许能够让男孩更加自信。

　　在通向成功的道路上，不可能是一帆风顺的，会有很多的困难等着男生去克服。自信乃成功之本。男生有了自信才能产生勇气、力量和毅力。具备了这些，他才有可能战胜困难，目标才可能达到。父母让男生拥有自信的心态，会使他受益终生。

　　不过，很多父母观念比较传统，强调做人应该谦虚，担心夸奖男生会让他变得骄傲。其实，做人谦虚没有错，这是中华民族的传统美德，但不能因此而伤害到男生的自信心。一个没有自信的男生，在他以后的人生道路上会因为一个小小的困难而败下阵来。所以，父母要不吝啬自己的赞美，给男生一份应得的肯定。

　　一天，涛涛放学回家，在吃晚饭的时候，他兴高采烈地告诉父母："我当上学校的值周生了！"爸爸好奇："值周生都做什么工作啊？"儿子滔滔不绝地回答道："管的可多了，比如，检查同学穿校服、戴红领巾等情况，然后还要检查纪律。我是每周五值日，检查六年级的。"爸爸半开玩笑地告诉他："这项工作责任重大，你做得不好，就没有力度检查别人。"涛涛一听，迅速站了起来："我保证以身作则！"

就这样，涛涛每周五都要提前到校，履行他的职责。可是事情并不如意。大约一个月以后的一天，涛涛放学回家，没有了往日的嬉皮笑脸，表现的情绪低落，连他最喜欢动画片都不看了。

涛涛的反常情绪隐瞒不了父母。于是，他们一起来到了涛涛的房间。妈妈耐心劝涛涛："有什么事说出来，闷着对身体不好。"涛涛依然不吱声。爸爸说："你还小，我们是你的亲人，可以帮你。"涛涛沉默了一会儿说："我没做错什么，为什么大家不理我？"妈妈轻轻地问："怎么回事？谁不理你啦？"涛涛终于说开了："今天，我给六年级一班扣了分，结果他们班长找了我两次。有什么好找的，就是有一名同学没戴红领巾嘛！他们班长非说我搞错了，还请求我不要扣分。不过，我不答应。扣分的那位同学还找了我，竟然让我小心点……"

儿子越说越激动。最后，妈妈沉不住气了："你说你当什么值周生啊？净干些得罪人的事，出力不讨好，你还是专心学习吧！我劝你赶快撤了吧，不要惹祸上身。"

妈妈说得很犀利，直接击中了儿子的敏感之处。涛涛掉下了眼泪。等涛涛情绪平静了，爸爸对他说："你认真负责的态度是值得肯定的。"涛涛不自信地说："爸爸，我是不是有点傻，不应该当值周生？"爸爸拍拍涛涛的肩膀说："不，你做得对。你没有私心杂念，秉公执法，太难得了，爸爸很欣赏你。"涛涛听了爸爸的话，表情松弛了许多。爸爸认真地看着涛涛说："你不要考虑太多，那位扣分的同学要是再恐吓你的话，你应该马上报告老师。当然，他也不敢对你怎么样，他只是心虚了。"儿子马上附和道："我不怕他，他也不敢对我怎么样！我会继续努力！"爸爸看到儿子的底气增强了许多，心里很高兴。

父母要想让男生更加自信，就需要时时不忘投向男生肯定的目光，而且没有任何附加条件。父母让男生在肯定的目光中长大，会渐渐地培养他的自信心，让他获得一份自尊与自爱。

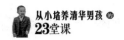

曾经听过这样一个故事：1975年母亲节，比尔·盖茨给母亲寄了一张问候卡。当时，比尔·盖茨已经是哈佛大学二年级的学生，他在卡上写道："我爱您！妈妈，你从来不说我比别的孩子差，你总在我做过的事情里寻找值得赞扬的地方，我怀念和你在一起的所有时光。"可见，比尔·盖茨就是在妈妈的赏识教育下成长、成才的。

在家庭教育中，父母的言行对培养男生的自信有着非常重要的影响。有的父母在批评男生时，会不经思索，一些"过火"的话脱口而出，从不考虑这些话给男生带来的后果。如果这种情况长期存在，不仅影响亲子之间的关系，而且还会让男生变得自卑。在现实生活中，人们可以看到因为父母的过度责骂，而使男生选择自杀的悲剧。很多时候，那些聪明的孩子不是天生资质好，而是被父母夸出来的。父母的肯定让男生有了自信，他才会向着更好的方向发展。

另外，父母在肯定男生的时候，还要注意方式方法。男生的心理发展要和他的生理发育一致。比如，对于年龄大一点的男生，有了一定的理解能力，光给他讲道理，会产生无力感；而年龄较小的男生又听不明白。所以，父母可以找一下生活中的事例来讲给男生听。比如，索拉利奥的"自言自语"，爱因斯坦的相对论。名人故事往往比枯燥的说教更容易让男生接受。

父母在肯定男生的时候，还可以附加一些身体语言。就像涛涛在情绪低落时，爸爸拍拍他的肩表示安慰。与儿子说话的时候，眼神要肯定。男生是聪明的，他可以感受到父母的话是真诚的。父母的身体语言是对男生最好的肯定，也会让男生重新获得自信。

总之，肯定是父母必修的一堂亲子教育技巧，要多多用心去感悟肯定对男生成长的妙用。男生还处于身心成长阶段，他对自己的评价常常是基于他人对自己的评价之上，尤其是与他关系亲密的父母。想想，如果连父母都不肯定自己的孩子，他又怎么能相信自己能行呢？

2. 时时让他们感觉到自己是被需要的

> 男孩也需要得到他人的认同，希望自己时时刻刻是被需要的。父母应该多给男孩一些表现自己的机会，让他们感知自己是很优秀的，父母从来没有忽视过他们的存在，而且一直很重视和需要他们，这样他们才能满怀自信地健康成长。

听说过一种叫做"被需要"的需求吗？在这个世界上，谁也不可能孤单地活着，谁都有着"被需要"的需求。当一个人"被需要"时，满足别人的需要，他的内心便会产生成就感、自信心。这种需要对小男生也一样重要。他们需要通过帮他人完成一些事情，才能够认可自己是有价值的，才能够获得自信。在家庭教育中，父母要时时让男生感觉到自己是被需要的。

如果男生缺乏自信心，常常表现胆怯、遇事畏缩不前、害怕困难、不敢尝试，认知能力、动手能力、交往能力及运动能力等发展就缓慢；相反，男生具有自信心，胆子大，什么事都敢尝试，积极参与，各方面发展就快。因此，父母的"服务意识"不要太强，父母的示弱可以增强男生的自信心。

妈妈每次去接儿子放学的时候，儿子总会对她说："妈妈，我可累！书包沉！"一开始妈妈以为儿子刚上幼儿园不熟悉环境，所以中午休息不好而感到疲劳。因儿子年龄小，妈妈出于心疼他，不由自主地帮他提着书包。

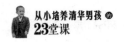
可接下来好几天儿子都喊累，慢慢地妈妈明白了儿子说累的真正原因：因为回家要走很长一段路，他怕累不想自己拿自己的东西。

有一天，妈妈接儿子放学时灵机一动：何不在儿子面前示弱一下？于是妈妈学着儿子平时撒娇的样子说："儿子，今天妈妈也可累，你在妈妈心中是一位小男子汉，作为小男子汉你能不能自己拿着自己的东西呢？"儿子听妈妈这么一说，用手挠挠头，迅速将手中的书包背好，对妈妈说："妈妈，我的书包我自己背吧！"说完儿子拉着妈妈的手一起回家。妈妈在后面装出很没劲的样子，一边走一边喊着："儿子，慢点，我都跟不上你了。"一路上儿子一副很照顾妈妈的样子说："我拉着你呢，你可以慢点！"以后的日子妈妈时不时在儿子面前示弱，总收到意想不到的效果。儿子也越来越有信心，很多事情都是自己去完成，不求他人帮助。

大部分独生子都享受着家中人对他的爱和照顾，不仅容易让他变得自私自利、自理能力差、不会体谅别人、缺乏爱心等，还会让他对自己的做事能力没有信心。父母的大包大揽让男生遇到事情，就会想："这事我没做过，我不行"。如果父母能经常在男生面前示弱一下，让男生感知自己也能干很多事情，得到一种满足感，不仅以后会自己的事情自己做，而且更重要的是还收获了做事的信心。

让男生得到"被需要"的感觉，父母可以给男生一些表现自己的机会。父母越在男生面前树立家长的威信，就越会削弱男生的自尊心、自信心。如果男生能经常为父母做一些事情，他就会认识到自己虽然是孩子，但却可以帮助成人做很多事情，相信他会慢慢自信起来。

淘淘刚刚进入幼儿园的时候，便被老师任命为班上的小班长。然而，幼儿园里的班长是由表现好的小朋友轮流担任的。淘淘在做了半个月的班长之后，职务便换作了他人。这时，淘淘的心理便发生了极为微妙的变化。他总觉得是自己做得不够好，怀疑老师和同学都不喜欢他了。于是，一种自卑的情绪便不知不觉地在淘淘幼小的心灵里开始蔓延，给他带来了很大的消极影响。淘淘变得越来越自闭，不喜欢和小朋友一起玩，不愿意同他人说话。淘淘被撤了班长之后的消极表现，让老师对他的表扬也越来越少了，这无疑加重了他的心理负担。淘淘深深地感到自己是失败的，在幼儿园里不再被别人需要，是一个可有可无的人。心理上的负担使淘淘在学习上越来越心不在焉，自信心萎缩得相当厉害。父母看在眼里，急在心中。

一个阳光明媚的周末，全家人一起去公园游玩。爸爸在大门口掏钱购买门票的时候，从口袋里掉出了一枚一元硬币。硬币在地上蹦了几下，便掉进了旁边的一个排水道里。排水道的缝很小，成年人的手根本伸不进去。爸爸往里看了看，便放弃了将硬币掏出来的念头。这时，淘淘突然一下趴在了地上，将小手伸进了缝里。妈妈见状忙说："那里面又脏又臭，咱们不要了。"一会儿，淘淘掏出了硬币，交给了爸爸。爸爸向儿子表扬道："淘淘真能干，就你才能够把钱捡回来。"淘淘也是一脸的得意。得到了爸爸的表扬，平时沉闷的淘淘开朗了不少，在公园里玩得非常的尽兴。

父母应该有意识地为男生营造一些表现自己的机会。可以让男生做一些家务事，比如，帮助父母倒垃圾；吃饭的时候给父母盛饭；扫扫地、擦擦桌子……父母给男生安排一些他能够完成的任务。当男生很好地完成任务时，父母要夸奖他。美国心理学家威廉·詹姆士说："人类本性上最深的企图之一是期望被赞美、钦佩、尊重。"

在家庭教育中，父母得到男生的帮助，其实也是在满足男生自己。他在帮助父母的同时也满足了自己"被需要"的需求。这种需求一旦得到满足，会为男生带来喜悦、自信。父母给男生一个"被需要"的机会，而父母的认同可以培养男生的自信心。父母要让男生感到自己不仅没有被他人忽视，而且一直被他人需要着，这样他才能满怀自信地健康成长。

3. 男孩的自信来源于成功

　　也许很多人会说成功来源于自信，但是对于男孩来说则是自信来源于成功。一个人的自信心不是天生就有的，而是不断获得成功后积攒下来的。所以，男孩来到这个世界上，需要靠成功来肯定自己，从而积攒下自信心。父母要做的就是为男孩创造获取成功的条件，提供获得成功的机会，从而让他们积攒自信心。

　　自信来源于成功的暗示；自卑、恐惧来源于失败的暗示。如果一个人心中充满了对成功的暗示，就会在无形之中释放出力量，引导他朝着自己内心深处潜藏着的那个方向走去，这种力量就是自信。如果男生没有成功感，就没有自信心。"成功感"是男生自身的体验，没人能代替他体验，但父母可以为他创造条件去获得成功的体验。

　　男生的自信是怎样建立起来的？这离不开成功的催化作用。也就是说男生获得了成功才会有自信。从男生的成长历程来看，他学会了爬，学会了走路，后来又学会说话识字……男生的每一个进步，都是对自己的肯定，成长的过程就是确立自信的过程。

　　被称为"微软小子"的周明曾经是一个很自卑的男生。因为家里穷，父母又是普通人，没有很高的社会地位，自己经常被人欺负，总是觉得自己低人一等。不过，他的转机来自于一次劳动竞赛。

　　周明说："我原来一直是没有自信心的，但是10岁的某一天，我刷了108个瓶子，得了劳动竞赛'第一'，这件事给了我自信。就是从那天起，我知道无论什么事情只要我肯干，就一定可以干好。我发现了天才的全部秘密，其实只有6个字——'不要小看自己'。这是我一生中最快乐的经验。它散发着一种迷人的力量，一直持续到今天。"

周明有这样一个信念：你能学会你想学会的任何东西。这不是你能不能学会的问题，而是你想不想学的问题。如果你对自己手里的东西有足够强烈的欲望，你就会有一种坚忍不拔的精神，尤其当你是普通人的时候。

自信培养自信。心理暗示对人的行为有着非常重要的作用。如果男生自认为不如他人，放弃了一切努力，情况就会渐渐变得如他自己的消极想法一样。父母应该让男生去做一些能让他充满自信的举动。父母要告诉缺乏自信的男生：与其对自己说没有自信，不如告诉自己是很有自信的。为了克服消极、否定的态度，父母让男生试着采取积极、肯定的态度。

男生的自信应该像砌墙一样，一块砖一块砖地砌起来，堆砌出他对人生积极、肯定的态度。因为，自信会培养自信。一次小成就会为男生带来大自信。为了能够让男生拥有自信，父母应该把目标定得低一些。父母要调整自己的心态，不要整天对男生强调做一些伟大、不平凡的事。目标越大，男生实现起来也就越困难。当男生不断遭受挫折与失败后，就会愈来愈没有自信。父母要为男生的每一步定一个合适的目标，让他每一步都有机会获得成功。

儿子已经上小学三年级了，成绩一直不好。学校年年举办学科竞赛，一年两次，他从没得过一次奖。看见别人拿着大红的奖状，儿子有点羞愧，妈妈总是心平气和地说："儿子，没关系，妈妈相信你能够跟上。你不是班上最差的，已经很不错了。"渐渐地，儿子的学习成绩赶上来，心情也越来越轻松。到四年级下学期的时候，他终于拿到了一个数学的奖，其他科成绩也处于中上水平了。也许，儿子这样的成绩在其他家长眼中不算什么，但是妈妈还是很高兴地对儿子说："恭喜你得了数学奖，妈妈为你骄傲。妈妈也相信你以后会得更多的奖。儿子，你要记住人生犹如马

拉松，学习是一辈子的事，坚持到最后才是赢。妈妈不要求你能够做到最好，而是越来越好。"

成功是自信的营养。男生没有成功的体验必然是畸形的。成功感可以肯定男生的自我价值。如果总是生活在失败的阴影中，男生是不可能积攒下自信。当男生缺乏自信时，一直做一些没有自信的举动，就会愈来愈没有自信。

在家庭教育中，父母要让男生做他做得到的事，自信才会显现出来。父母要帮助男生找出现在可以做的事。男生要做的事没有必要非是一些伟大、不平凡的行动，只要是他能力所及的事就可以了。

父母也不要总是强调男生的缺点，拿他去和他人比较。每一个男生的资质都不一样，父母拿男生的缺点跟他人比，会加重他的心理负担，会让他产生自卑的情绪。男生有自信，可比什么都强。父母要善于引导男生多和以前的自己比较，要多在男生的表现中找到可以表扬的东西，找到属于他自己的长处，这样才可以让男生拥有成功感，也才会让男生更加拥有自尊和自信。

世界上没有完美的人，谁都有这样或者那样的问题。父母也应该接受男生的缺点，发现他的优点。男生有不足又何妨。只要父母能够从学习、游戏、特长、与人交往等多方面着手，引导他发挥自己的长处，然后因材施教，放大优点，让他拥有超过他人的本领，也同样会成为一个自信的男生。

第十堂课

良好的交际能力，为男孩迈进清华加上一分

　　当今社会很多男孩都是独生子，他们被四位老人、二位大人包围着。虽然他们拥有得天独厚的教育环境和教育条件，占据了"天时地利"，但也因此而遗失了"人和"这一重中之重的因素。独生子女最容易有"唯我独尊"的心理倾向，这不利于培养他们的人际交往能力。培养男孩良好的人际交往能力是早期教育中非常重要的一堂课，能够逐渐发展他们的心理适应能力和社会适应性，为他们的身心健康打下良好的基础，是他们能够顺利进军清华和适应清华生活的必备能力之一，也为他们以后步入社会做好铺垫。

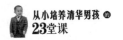

1. 让男孩懂得，尊重别人就是尊重自己

　　每一个人都是社会的一部分，需要与他人交往。如果男孩不懂得尊重别人，就很难在社会上立足，也很难得到他人的尊重。哲学家和精神分析心理学家弗洛姆说过：尊重生命、尊重他人也尊重自己的生命，是生命进程中的伴随物，也是心理健康的一个条件。

　　尊重别人就是尊重自己。一个不尊重别人的男生，也绝不会得到别人的尊重。这就像一个人对着空旷的大山大声呼喊出"你好"，你对大山表示友好，它也会友好的回应你。在人与人之间的交往中，父母要教育男生待人、处事多一份尊重，才会赢得别人的喜爱，别人也会回报你一份尊重。

　　父母是男生的启蒙老师。父母除了教会男生基本的生存技能，还要让他学会如何做人处世。让男生学会尊重，教育他从小就要尊重长辈、尊重老师和同学。父母严格要求男生，遵守一些行为准则，这就是他对自身品格的尊重；告诉他不要嘲笑、讽刺，或者揭人短处等，这是对他人的尊重。

　　一天，彬彬回到家后，向爸爸说了一件"有趣事"。事情是这样的：今天彬彬在课间休息的时候，想出了一个捉弄人的办法。他拿出纸和笔，先在纸上画了一只大的乌龟，下面附上一句话："我是一只奇丑无比的千年王八万年龟！"然后，他悄悄地用双面胶贴到了同桌豆豆背上。那张纸不偏不倚，正好贴在豆豆的背上。看豆豆没有发现，彬彬很是得意地让旁边的同学看豆豆的背。瞬间，全班都轰动了……

爸爸听了彬彬的故事，眉头拧成了一个疙瘩，心想：彬彬是有些调皮，但是没想都他已经淘到不会尊重人的地步。爸爸用平静的语气问彬彬："你为什么会给同学贴这样的画呢？"彬彬说："好玩啊！"爸爸又说："可是，你把自己的快乐建立在别人的难堪上，你真的觉得很好笑吗？"彬彬漫不经心地说："切，我开个玩笑罢了，有什么了不起的！"爸爸严肃地说："如果被贴画的是你，你还会认为是一个玩笑吗？你是不是也会觉得难堪呢？"彬彬被问得有些惭愧了。爸爸把彬彬拉到身边坐下，对他说："你这样让别人难堪，别人怎么会喜欢和你做朋友呢！彬彬要学着尊重他人，尊重是人类友好共处的金钥匙。爸爸，相信彬彬会成为一个尊重别人的好男孩。"这时，彬彬已经是满脸通红，对爸爸说："是我做得不对。其实，我很喜欢豆豆，不是故意要让他难堪的。豆豆很善良，乐于助人，帮我削铅笔。我明天就去向他道歉。"爸爸高兴地拍了拍彬彬。

男生要学会尊重他人。父母要让男生从小事做到尊重别人。比如，不取笑、不打闹、不揭短，对他人以诚相待，这都是对人最起码的尊重。父母要告诉男生，尊重是纯真友谊的基础。男生只有学会尊重别人，别人才不会排挤他，才会真心与他相处。同时，懂得尊重别人的男生，才会赢的别人的尊重。在现实生活中，别人对你的态度往往是由你的态度决定的。

尊重他人就像是照镜子。父母让男生在与他人相处的时候，不要忘记照镜子原则。当男生面带微笑的时候，镜子里的人也笑；当男生皱眉的时候，镜子里的人也会跟着皱眉；男生对着镜子大喊大叫，镜子里的人也会变得暴躁不安。所以，尊重别人就是尊重自己。父母让男生获取别人的好感和尊重的最好方法就是先让自己学会尊重别人。一个不懂得尊重别人的人，是绝对不会得到别人的尊重的。男生尊重他人，需要以一种平等的姿态与周围的人沟通。男生这样做会让对方感到自己受到尊重，而对你产生

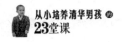

好感；相反的，如果男生总是自觉高人一等，居高临下，盛气凌人地与人沟通，对方就会感到自尊受到了伤害而拒绝与你交往。

父母还要告诉男生尊重别人包含了很多的内容。男生回到家时与父母长辈打声招呼是对长辈亲人养育之恩的尊重；上课专心听讲是对老师辛勤劳动的尊重；走在路上不乱扔垃圾是对环卫工人的尊重……生活中有很多教育男生尊重别人的机会。

许多男生在与他人的交往中发生争吵，究其原因在于独生子女的自我中心意识很强，只想要别人尊重自己，而没想到自己要先尊重别人。这些男生缺少尊重教育，得到了太多的溺爱，才导致男生从小目中无人，根本不知道何谓尊重。男生总有一天会长大，会承担一部分社会角色。如果他不懂得尊重他人，是不可能被社会接受的。男生作为社会成员，只有尊重他人，也才会赢得别人的尊重，从而建立起良好的人际关系，一步一步走向成功。父母要告诉男生去尊重周围的所有人，你敬他一尺，他会敬你一丈。况且在这个社会上，有很多藏龙卧虎之人。不管外在环境如何变化，懂得尊重的原则不能改变。握一个手、道一声好，别人遭遇不幸时有一种同情、怜悯之心，而不是漠然、讥笑；自己收获成功也不要傲然自大，而是谦逊、随和。如果男生平时尊重别人，就算是他自己不如意时，也会有人尊重他。

对于每一个男生来说，尊重教育绝不是一堂可有可无的课。作为男生的父母和师长，在教会他学习知识和技能的同时，更应该教会他做人的道理。而做人，离不开"尊重"。

2. 父母要给男孩创造与人交际的机会

交际能力是男孩不可缺少的一课，不过很多父母对培养男孩的交际能力却无从下手。其实害怕与陌生人接触的男孩不是天生的，而是后天教育的产物。为了培养男孩的交际能力，父母应该为他们提供一个有利的学习环境，告诉他们与人接触的技巧与裨益等。只有这样做，男孩才能成长得更好更快。

在一些公共场合，父母是否留意过或经历过，让儿子向相熟的人问好，他却躲在自己的身后，以怯怯的眼神看着对方，而自己和熟人只能尴尬地说："这孩子太腼腆了。"社会交际能力是男生不可缺少的基本素质之一，能否顺利地进行社会交往反映了个体社会适应能力的高低，随着社会竞争的日趋激烈，能否很好地适应社会是生存于社会的关键，同时，男生的交往是一个主动建构的过程，是父母不可能代替但却能施加强有力影响的过程。所以，父母应该抓住培养男生交际能力的机会，尤其是对于一些性格内向的男生，交际交往也一定是他的弱项。

小聪是一个内向害羞的男生。五一放假回来，班里小朋友热火朝天地讲着自己的假期见闻，小聪只是静静地在一旁听着；当小朋友们在大型玩具上开心地爬上爬下追逐嬉戏时，小聪坐在秋千上静静地看着；当小朋友们拿出从家里带来的玩具一起玩时，小聪抱着他的机器人独自玩耍……小聪的性格是内向的，表现出了孤独、安静、不合群等特点，也体会不到与人交往的乐趣。

为什么小聪不愿与小朋友一起玩呢？表面上是因为性格内向，但深层次的原因是小聪成长的环境造成的。原来小聪的父母工作很忙，还经常出差，所以能够经常陪伴小聪的人只有爷爷奶奶。但爷爷奶奶年纪较大，行动不便，陪伴小聪外出的时间不多，与人交流的机会很少。渐渐地小聪形成了内向的性格，不愿意与陌生人接触，有时候看见陌生人还会有紧张、焦虑的心理感受。

小聪的问题是父母教育的失职。父母应该想办法为男生创造与人交往的机会，指导男生学会与人交往。那些交际能力强的男生也是在良好的环境和更多的交往实践中得到的锻炼。父母可以用生活中的小事来锻炼男生的交际能力。比如，当家中的电话响时，父母可以让男生去接。

父母这样做是故意让男生单独出面与人接触。这种机会可以锻炼男生的胆量，让他在任何时候都敢于与陌生人说话。父母不要顾虑孩子说出不礼貌的话，其实敢于与陌生人说话，已经是消除男生羞涩的第一步，尤其是对于性格非常内向的男生来说是非常有帮助的。另外，口语是社会生活的入场券，交际能力的核心是说话能力，因为交际的最直接形式是说。不会说，或者说不好的男生怎么与人交际呢？而会说，说得巧，答得妙，又正是一个人交际能力的体现。

父母还可以带男生多出去走走，创造出与陌生人接触的机会。比如，父母带着男生去拜访朋友，或者是看望一个病人，去给某个长辈过生日，故意让男生代表父母准备一份礼物等等。父母让男生试着寒暄和问候他人，此时父母是男生的配角，与对方的接触尽量让男生来完成。同样，当家中来了客人时，父母要让男生做好一位小主人，尤其是有同龄人的时候。比如，为客人端茶倒水，试着陪客人说说话。总之，让男生见见世面，不要总是躲在父母的身后。

父母还要教男生交际的技巧，最基本的内容就是与人如何打招呼。一个人的言行决定着别人给他的评价。男生在与人接触的时候，能够有一个礼貌的问候，会为自己赢得一个很好的印象。比如：父母要告诉男生接电话时，要主动说："你好"。一个友好的招呼可以拉近人与人之间的关系。面对不同的人，男生也应该学会使用不同的敬语，比如，年长的人要称呼"您"。除了语言，男生在与人接触时，不要忘记微笑、点头等给人际交往带来的积极而有效的辅助作用。

生活中父母不要忘记自己对男生潜移默化的作用。父母在男生心目中有着非常重要的作用，他们的一言一行都能成为男生的表率。男生的模仿性很强，所以父母与他人之间应建立真诚、友好、平等、互助等良好的人际关系，使男生在观看、模仿成人交往中受到潜移默化的教育。

男生还要学会注意人与人之间的个体差异。有的孩子个性鲜明，很有主见，不喜欢听别人的意见，还有的孩子会显得娇生惯养，容易哭鼻子。在男生成长的过程中，会遇到各种各样的人，会为他提出各种考验。虽然让男生能够从容面对复杂的人际关系有些要求过高，但父母只要耐心地培养，细心地引导，自然就可以培养出优秀的交际能力。

广泛地交朋友可以增强男生的交往能力，提高他在新环境中的应变心理素质。为了让男生顺利的成长成才，父母不要对男生限制过多。聪明的父母应该鼓励男生去多交朋友。父母让男生在广泛交往与结交众多形形色色的朋友中学到更多知识，增加主动结交朋友的胆量，使他的性格变得更为开朗、活泼、大方、合群，并逐步养成文明礼貌、谦虚与尊重朋友的交际品德。

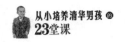

3. 人际交往也需要把握"分寸感"

人际交往是一门学问。因为人际交往过程中，把握分寸感是维持良好人际关系的关键。所谓"分寸感"就是要把握好"度"，它既是人际交往的重点，也是人际交往的难点，是需要人们去摸索和注意的学问。"分寸感"贯穿于交往的全过程，父母要提前给男孩上好这一课，避免在交往中发生不愉快的事情。

人际交往，不论办事还是交谈，都需要把握恰当的分寸，如果分寸不当，就会影响关系，或者惹出麻烦来。父母向男生描绘"分寸感"不免有些抽象，其实"分寸感"就像烹饪"火候"。火力运用大小要根据原料性质来确定，与人交往也是如此，对待不同的人要拿捏好分寸感。

父母可能觉得向男生讲"分寸感"有些深奥，其实并不难理解。男生与人交往中，最不好处理的就是与异性、长辈的交际。父母只要耐心地为男生设想一下可能会遇到的对象和情况，"分寸感"就可以化繁为简了。

男生在与异性接触时，不必过分拘谨。

首先，青春期男生与女生交往要注意度。对于很多父母来说，青春期男女生的交往是危险的，其实这是男生培养交际能力的一部分内容。父母要视男女生间的交往为正常，不要带上某些偏见来看待这个问题。同时客观地告诉男生与女生接触时，在心理和身体上需要注意的一些问题。

青春期的男生在与异性的交际中，容易显得拘谨。父母为了消除男生这种交际中的不自然，应该让男生不要给自己心理负担，就像对待同性那样去对待与女生的交往。父母要告诉男生该说的说，该做的做，需要握手就握手。男女之间做朋友，不一定就是"早恋"，也可以存在友谊。男生要显得落落大方，不应有任何矫揉造作和作态。男生总是显得拘谨，反而会让人贻笑大方，惹人生厌。

父母要提醒男生在与女生接触时，除了不过分拘谨外，也不能过分亲昵。作为男生要尊重女生。如果男生表现得过分亲昵，不仅会使他显得轻佻，引起对方反感，而且还容易造成不必要的误会。男女生之间要注意自尊自爱，言谈举止要做到文雅庄重，切不可勾肩搭背，也不可搔首弄姿。

男生不应过分随便。虽然男生与女生相处时，显得过分拘谨会令人生厌，但也不可过分随便，诸如嬉笑打闹、你推我拉之类的举止应力求避免。毕竟男女有别，男生有些举动或话题只能在同性之间交谈，有些玩笑不能在异性面前乱开，而且哗众取宠更显得他没有品味，这些都是需要注意的。但父母告诉男生与人交际不应过分严肃。太严肃会使人对他望而生畏，敬而远之。

父母要让男生和长辈交际时注意礼貌。

对于男生来说，与年纪比自己长的长辈交往，比与同辈交往难度要大得多。而且，老人一般都会有一定的生活阅历，甚至会有先入之见。所以，父母要提醒男生在长辈面前不要太张扬，一定要用耐心、诚心、爱心与长辈交往。即便是对心理状况不是很好的老人，男生也要好好尊重。男生能够在长辈面前保持礼貌的姿态，才能够赢得长辈的喜爱，从长辈那里获得很多知识。同时，父母还要让男生注意自己的仪表、言谈、举止，要知道在交往中的每一个细节都会影响到长辈对男生的评价。

对待长辈不宜冷淡和忽视。男生与长辈之间不可避免地会有代沟，常会发生意见分歧。父母要告诉男生不要因为长辈说的话自己不爱听，就忽视长辈的存在，或者表现冷淡的态度。男生应该学会控制自己的情绪，不要让坏情绪影响了自己的人际交往。如果长辈真的说错了，男生也要学着

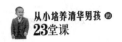
控制自己言行的分寸，男生表现出的冷淡、威慑，会伤害到长辈自尊心，也会使人觉得男生高傲无礼、不可接近。生活中很多时候，长辈对男生的帮助是最大的。男生不要得罪以后可能为自己指路的人。

父母要让男生在长辈面前保持谦虚的学习态度，不可卖弄。在与长辈的交往中，如果男生想卖弄自己见多识广而讲个不停，或者在争辩中有理不让人，无理也要辩三分，则都会使长辈反感。如果男生总是缄口不语，或只是"嗯""啊"而已，也会让长辈觉得不舒服。父母要让男生学会微笑，要用真诚的心态来和长辈对话。

如果男生没有很好的交际能力，会阻碍男生的学习、生活、工作，也不符合社会发展对新型交际人才的要求，是很难在今后的社交场合纵横捭阖的。男生总有一天会长大，需要独立去面对很多人，处理很多复杂的人际关系。父母要从小告诉男生在人际交往中应该注意和避免的行为。

男生交往能力的提高是一个循序渐进的过程，尤其"分寸感"的把握不是一件很容易学会的事情。父母必须在大量的生活细节中，以支持者、合作者、引导者的身份，给男生一个积极健康的人际环境，及足够的关注和有益的指导，和男生共同体验生活的乐趣，形成良好的自我与他人意识。这样，男生才能在以后的生活中更迅速地适应社会发展的需要，也才会拥有一个更广阔的生活空间，更多的发展机会。

第十一堂课

挫折教育，男孩入、出清华的人生大课

　　所谓挫折是指男孩在生活、学习、工作中自然形成的困难，或者是父母为了锻炼男孩而故意为他们制造的"麻烦"。而挫折教育就是通过挫折对男孩实施的素质教育，主要是为了提高男孩的心理素质，尤其是对非智力因素而进行的教育。经历挫折是人生的必需，父母要把生活中现实的一面拿给男孩去经历，让他们去亲身体验，然后通过不断克服挫折来培育他勇敢的品质。这种挫折教育对于挑战清华抑或是走出清华之后挑战人生的男孩来说，是一堂必修的人生大课。

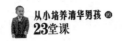
1. 舍得让男孩吃苦，培养耐挫能力

　　父母都疼爱自己的儿子，都想怎样保护好他们。但是，父母不仅要"养"好男孩，更要"育"好男孩。"养"和"育"是两个不可分割的话题，缺少了哪一个都不行。父母应该让男孩去吃吃苦，让他们尝一尝艰难困苦的滋味，这样他们以后才能经得住命运的打击，从而提高他们的耐挫能力。

　　生活中有很多男生因为遇到一些小挫折，自己克服不了，就选择离家出走。男生应该是与勇敢、坚强联系在一起的，可为什么这些男生会如此脆弱呢？今天很多男生都是独生子，从一出生就受到长辈的宠爱。父母对独生子的过度爱护，使他成了温室里的花朵，见不得一点儿风雨。在这种环境下成长的男生，会对现实的生活缺少认识，一旦遇到挫折，他的心态就很容易失衡，导致诸多消极情绪不足为奇。男生经不起挫折的打击，有强烈的挫折感，如果无法重新振作，就不能朝着积极的方向成长。

　　这就为各位父母提出了一个教育任务：加强男生的挫折教育，培养他们的挫折承受力，以正确的心态去认识和面对生活中的风风雨雨，只有这样才能茁壮成长，才能担负起未来建设的重任。娇生惯养的男生是吃不了苦的。为了提高男生的耐挫能力，不如让男生吃一点苦，不要对他保护得过多。

　　抗震小英雄林浩是一个生活能力特别强、对待他人也很有责任心的人。林浩的父母一直在外打工，林浩和外公外婆住在一起。小小年纪，林浩会做很多家务，还会做饭。父亲林大坤："因为是班长，林浩一直管着教室的钥匙。每天早上6点，闹钟一响，他会准时起床，自己炒碗蛋炒饭吃，然后走半个小时山路去上学，他从来不迟到，说要是迟到了，同学们都会在外面等。"

可能很多人都认识林浩。他虽然只是一位小学二年级的学生，但是在灾难面前，不仅没有被吓坏，而且还救出了自己的同学。与很多同龄人相比，林浩没有父母在身边的陪伴，没有无微不至的照顾。他不仅能够照顾自己，而且还能够帮助父母做一些家务。艰难困苦，磨炼出他超强的韧性，也成就了他独立生活的能力。林浩的生活有点苦，但是他有着很多同龄男生没有的耐挫能力。

现在人们的生活越来越好，很多父母也渐渐忘记了"吃得苦中苦，方为人上人"的道理。对儿子的爱让他们变得盲目，有的父母甚至这样说："我们小时候生活很艰苦。今天，我们有能力了，就绝不能让儿子再吃我们那样的苦了……"同时，父母对男生寄托了很多的希望，所以男生只需要学习，其他的一切问题都可以让父母来处理。于是，男生就像是活在蜜罐子里一样，远离了很多早应该面对的考验和挫折。

19世纪俄国著名作家屠格涅夫说："你想成为幸福的人吗？那么首先要学会吃苦。能吃苦的人，一切的不幸都可以忍受，天下没有跳不出的困境。"父母应该"狠"下心来，让男生去吃点苦头。因为男生只有吃点苦，才能够知道这个世界上有很多困难要他去克服，也更知道人生不可能一帆风顺。

不过，父母也不要为了磨炼男生的耐挫能力，而走上另一个极端。父母溺爱男生是不对的，但是过分地强调为了吃苦而吃苦也是不对的。比如，有的父母为男生精挑细选了一些磨炼意志力和吃苦精神的夏令营，让男生"劳其筋骨，饿其体肤"，这不仅会使男生一时难以适应，对"吃苦教育"产生阴影，而且短期的、突发的吃苦是不可能培养出男生的耐

挫能力。

　　小豪生在一个富裕的家庭中，不过父母对他从来都不娇惯。小豪甚至比一些经济状况一般的家庭的男生更能吃苦、更坚强。小豪所表现出来的品质不是天生就有的，小豪曾经也想偷懒，自己能够做到的事情赖着等父母帮助完成。不过，他的想法每次都夭折。

　　有一次，妈妈接小豪放学回家。正好赶上下大雨，小豪看到有的同学有车接，就要求妈妈打车回去。妈妈拒绝了小豪的要求，小豪急得直哭。妈妈说："学校离家很近，我们可以走着回去。不过，现在雨下得很大，咱们等一等再走吧。"小豪看自己的哭闹，在妈妈面前根本不管用，渐渐地不哭了……

　　挫折教育是一种心理承受能力的考验。当男生处于一种艰苦的环境下，不仅要克服恶劣的环境，还要战胜自己的软弱。而父母逼着男生去吃苦，男生心里会有抵触情绪，会造成一定的负面影响，不利于挫折教育的实施。其实，挫折教育不一定是让男生经历大的挫折与挑战，在日常的生活中也有很多的教育机会。父母只要不对男生过分的溺爱，让他独自去面对一些问题就行。男生吃点苦，受点折腾很正常。在生活中父母可以给男生制定一些任务，比如，洗自己的袜子。刚开始的时候，男生可能会用各种借口来拒绝，这时父母不要心软而包办，而是要让他知道自己能完成的任务就得自己完成。像这种"苦"，父母不难找到，男生也有必要去吃。

　　父母对儿子的爱是无穷无尽的，甚至可以倾其所有。但是父母是否想过，你送给男生最好的礼物应该是什么呢？不是物质上的享受，而是让他拥有抵抗挫折的耐受能力。男生有了这种能力，还有什么挫折跨越不了呢？父母在爱儿子的时候，不要忘记用吃苦来磨炼男生的耐挫能力。当然，这不是一朝一夕可以实现的目标，需要贯彻到男生的整个成长过程中，在他不知不觉中施加影响。但只要父母有耐心、恒心、适时地狠下心来，这个教育目标就一定会实现。

2. 用坚韧应对挫折，男孩才能成大事

经受挫折是男孩不可逃避的一个问题。遇到挫折并不可怕，可怕的是男孩是否能够从挫折中振作起来。父母让男孩拥有坚韧的品格，他们才能克服各种挫折。当男孩有了坚韧的意志，就可以把眼前的挫折视为前进的动力，迈向成功的基石。

今天的社会是一个充满挑战的社会，谁都会遭受挫折。如果男生在生活中没有遭受挫折的洗礼，没有正确对待挫折的思想，就好像是温室里的"花朵"，不可能很好地适应社会。而只有男生在生活中遭受了挫折，掌握了应付挫折的方法，在一定程度上讲才能够更好地适应社会。

近几年来，孩子自杀的消息，不断见诸媒体，而且有上升的趋势。比如，北京大学2005年曾经对全国13个省市进行调查，结果显示：20.4%的中学生有过自杀意念，比前两年增长了3个百分点。而在自杀者的年龄排列中，12岁占第一位（40.3%），其次为14岁（22.7%），再接下去是11岁和13岁（13.6%）。出现这样的情况，社会有责任，学校有责任，家庭有责任，但这些自杀者本身也有着不可推卸的责任。日本心理学家发现自杀和自杀者的心理特征有着密切的关系。比如，软弱型和未熟型的性格和自我性强、欲求难以满足以及耐性差的人就容易产生自杀的念头。很多男生选择自杀是因为自己性格软弱，也不积极改善自己的心理状况，最终选择了用自杀来逃避问题。

让男生拥有坚韧的意志是每一位家长的必不可少的教育内容。让男

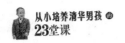
生健康成长不仅是指身体上的健康成长，还包括心理上的成熟。当男生有了坚韧的品质，就能够比一般人更有勇气去迎接困难、挑战挫折、战胜苦难。人生不顺，坎坷颇多，男生有了坚韧的品质，挫折也会变成一种财富。

狄更斯是英国十九世纪伟大的批判现实主义作家，是继莎士比亚之后又一位有影响力的作家。他成为一代文学大师并不是一帆风顺的，甚至可以说是命运多舛。

狄更斯幼年时，家境十分贫寒。父亲因负债累累，无力偿还，被关进债务监狱，10岁的狄更斯也被迫住进监狱。小小的年纪便饱经了羞辱，被辛酸的生活所折磨。监狱里的阴森恐怖，在年幼的狄更斯脑海里留下了极为深刻的印象。

为了养家糊口，狄更斯从12岁时便挑起了家庭生活的重担，受雇于一家鞋油作坊。作坊主将这个小童工当做招揽生意的活广告，站在当街的玻璃橱窗中，向顾客和行人展出。饱受屈辱和饥寒的他，每月只能在取得工资后去狱中探望一次亲人。但这种痛苦的生活环境，没有压垮他，反而更激发了他对被压迫的穷人和不幸儿童的同情心，对不公平的社会现象的憎恨。他把自己的经历通过文字的表达，终于创作出了《大卫·科波菲尔》、《雾都孤儿》等世界名著。

古之立大事者，不唯有超世之才，但必有坚韧不拔之志。现实中很多像狄更斯这样的人在面对挫折时，都表现出了坚韧的意志。父母给男生讲一讲这个故事，告诉狄更斯不惧怕挫折，而且还在挫折中让自己变得更强大。作为一个男生就应该像狄更斯一样不屈服于不幸，更大胆、更加积极地向不幸挑战。

贝多芬曾经说过：卓越的人一大优点是在不利与艰难的遭遇里百折不挠。每个男生的成长环境都不一样，作为父母应该鼓励他主动去吃苦，铸造自己钢铁般的意志。现在很多男生在父母这把"保护伞"下，越来越缺少了男生应该有的勇敢、坚强，在挫折面前脆弱得就像一个永远长不大的小男孩。作为父母可以适当的"刺激"一下男生，对于他的行为要及时地加以评价，给他思考的空间和时间，采纳父母的建议，并做出修正。父亲更应该为男生树立一个榜样，在平时的生活中表现出坚韧的品质。

道格拉斯·麦克阿瑟曾是美国历史上最年轻的将军、最年轻的西点军校校长和最年轻的陆军参谋长，美国少有的五星上将之一。他所获得的成就离不开父亲对他的培养。麦克阿瑟的父亲生性勇敢、坚强、富有惊人的毅力，并且用这种性格影响着自己的儿子。

在麦克阿瑟五六岁时，父亲就教他骑马和打枪。他的父亲还曾经用了整整两个晚上的时间，亲手制作了一把精美的木剑，把它作为圣诞礼物送给他。

有一次，麦克阿瑟挥舞着那把木剑随父亲出外打猎。突然从树林中窜出了一只豹子，呼啸着朝他奔来。他顿时惊慌失措，拼命跑到父亲身后，紧紧地抱着父亲的身体。同时，木剑也掉在地上。父亲鸣枪吓跑豹子后，严肃地对他说："你要勇敢，要做一个真正的男子汉！永远不要忘记，你是军人的儿子！"说罢，父亲弯下腰捡起了木剑，重新交到麦克阿瑟手中。

这件事对麦克阿瑟影响很大。他牢牢地记住了父亲对他说过的话，并且要求自己要勇敢坚强。一次，麦克阿瑟随父亲去砍香蕉树，不慎被镰刀划破了脚。他忍住疼，没有告诉任何人。两天之后，伤口恶化，腐烂化脓。父母发现后，马上给他敷药治理。在用盐水清理伤口的时候，不满八岁的麦克阿瑟始终没有叫一声疼。

道格拉斯·麦克阿瑟从小就磨炼出了钢铁般的意志，激励着他以后的人生道路。身教重于言传。影响意志形成的因素有很多，家庭环境是十分重要的因素，尤其是爸爸的言行对男生的坚强品质的形成有着潜移默化的作用。

总之，挫折是男生无法逃避的挑战。父母应该提前培养出男生良好的心理承受能力，能够正确地调节自己的心态。拥有坚忍不拔的意志是父母培养男生成才不可忽视的问题。这不仅可以让男生走出挫折，还可以帮助男生像狄更斯那样取得成功。

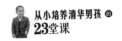
3. 鼓励男孩，再坚持一下

挫折教育是男孩进行素质教育的重要组成部分。当男孩遇到挫折的时候，父母要积极引导他们走出挫折。让男孩学着用乐观的心态去对待挫折，不要放弃自己，要相信自己下次可以成功。当男孩经过一次又一次的挫折最后终于坚持住了，那么成功距他们也只是咫尺之遥了。

当男生遭遇挫折的时候，也正是他成长的机会。父母要告诉男生，遇到挫折不要轻易放弃，因为你与成功可能只差一步之遥。如果男生跨过了这个门槛，你就能够获得成功。男生需要耐心等待，满怀信心地去等待，相信生活不会放弃自己，机会总会来的。

作为父母要始终成为男生的支持者。当男生遇到挫折的时候，最需要的就是父母的鼓励，尤其是那些年龄还小的男生。

小威是个调皮、性子急的4岁男生。他一刻也停不住，而且极没有耐心，比如说他垒积木，如果倒下来几次他就会急得直哭，又再去垒，因为毛躁自然倒得更快。于是，他发脾气把积木都扔到了地上。

成功不可能一蹴而就。人们要想获得成功就需要一步一步地走出来，而这个过程中遇到一些挫折是最正常的，一次失败不会决定一生。不过在成功之前，要耐得住挫折的考验。这就像是小威手中的积木，本身并没有错误，只是小威自己的问题，阻碍了他把积木搭好。小威还小，不能够顺利地处理挫折。所以，当男生受到挫折着急大哭的时候，当父母的千万不能被男生表面的行为表现所动摇，父母不要以自己的心理感受来揣测男生深层次的需求。其实，男生既怕挫折，也想要成为勇敢坚强的孩子。人的本性是渴望考验的，每个男生都渴望挑战一些对自己有难度的事情。只是他需要父母在旁边鼓励，所以这时父母应该对男生说："儿子，坚持一下。只要坚持努力，你一定能行，再试一次，好吗？"

当遇到挫折的时候，还能够坚持下去是衡量一个人心理素质优劣、心理健康与否的标准之一，也是男生未来成功的关键因素之一。父母要鼓励男生在遇到挫折时，不抛弃，不放弃的行为，进而培养他做事的坚持力。这对男生今后的人生道路有很大的影响。因此，父母一定要鼓励男生坚持一下，因为坚持才有可能会成功，如果放弃必然会失败。

宁宁上小学三年级，是个班长。他从小就是很优秀，走到哪里都会被人称赞。他的学习成绩也很优异，总是在年级名列前茅。但最近的一次考试他的成绩很不理想，心情也是很烦躁，害怕被同学们嘲笑，不再选他当班长。宁宁面对自己的失败时，丢掉了以往的自信，也缺少了战胜困难的勇气。

妈妈发现了宁宁最近的这种变化，了解了事情的原因后开导宁宁："儿子，你一直都是很优秀的，只要你努力了，是不是第一名不重要。而且，同学之间的竞争是很正常的，你不要把精力浪费在别人会超过你的问题上。作为一个了不起的男生就要有接受失败的勇气。你也应该想一想自己为什么没有考好，下次吸取教训。爸爸妈妈仍然以你为荣，你这次没考好，不代表你是一个失败的男生。你要努力学习，下次一定会考得好的。"

经过妈妈的开导，宁宁的心理负担减轻了。他也能够正确地看待自己的失败了，而且还恢复了积极地心态投入到了学习中。他不再担心别人超过自己，而是踏踏实实地坚持把自己的事情做好。

父母要告诉男生，成长过程中经历挫折是不可避免的。他只要不气馁，找出自己的不足，就能战胜挫折给他的考验。父母要鼓励男生到生活

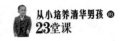

中去寻找更新的力量，不必埋怨命运让他遭受挫折。男生只有勇敢地面对挫折，坦然面对不幸，才能获得新生的力量。

父母要让男生保持一个乐观、自信的心态。人生本来就是起起落落、跌跌撞撞，遭受挫折算什么，重新站起来就是了不起的男生。父母让男生学着乐观地看待挫折，相信挫折只是暂时的，只要自己坚持一下，就可以挺过来。同时，父母还要让男生用自信的心态看待自己，相信自己只要努力，就能够战胜挫折。也许胜利离自己并不遥远，只要自己还能够再坚持一次，就可以获得成功。男生要相信自己只要不倒下，人生就有机会重新开始。

挫折就像一场竞赛，能够坚持到最后才有可能获得胜利，因为挫折是上帝淘汰竞争者的方式。父母要提醒男生保持平和的心态，每一个人生活的大环境都是一样的，有很多人也经历着和自己一样的挫折。当男生自己觉得不好受时，别人也不好受，但如果男生坚持了一下，就离成功又近了一步。生活常常会抛给人们一些考验，最后取得胜利的不是那些有爆发力的人，而是那些经历过挫折能够自觉做出反应的人，能够意志坚定，坚持到底的人。

挫折教育就是一种磨炼精神的过程。男生的成长离不开这个过程，但这个过程充满了"现在"的艰辛和对"未来"的渴望。父母要告诉男生，成才离不开挫折的考验。如果男生因为害怕挫折，就会本能地躲避挫折，让自己退回到原来的地方，这样男生将永远无法成长。就和大部分有鸵鸟心态的人是一样的，即使对现况不满意，也不愿意放手一搏，有人总是会自我安慰或者为自己找借口。反之，男生能够坚持到最后，就能成为离成功最近的人，即使不能够获得成功，对男生来说也是一笔宝贵的财富，他也将无怨无悔了。

第十二堂课

积极心态，决定清华男孩人生的输与赢

人生总会遇到不如意的事，心理素质好的人会自我调节，潇洒地甩一甩头、笑一笑，明天依旧是他的新起点，但如果是心理素质差的人有可能从此一蹶不振。父母要让男孩学会控制自己的思想，必须对思想中产生的各种情绪保持着警觉性，不要被坏情绪左右自己的人生。人无法改变外界环境，但可以改变自己的心态。男孩有好的心态，就会有美好的人生；男孩如果总是意志消沉，即使他是清华高才生，他的人生也会是一片狼藉、一事无成。

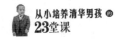

1. 让男孩懂得，乐观本身就是一种成功

父母要让男孩懂得人的力量是有限的，生活中人们不能控制所有事情，当那些人们不能掌握的事情发生的时候，应该首先做到承认它的存在，然后用乐观的心态去面对它。这是一种积极乐观的人生态度和策略。毕竟人活在世上，笑是一生，苦也一生。能够活得乐观的人就是一种成功，哪怕他只是一个普通的农民，而你是清华才子。

爱因斯坦曾说过："真正的快乐，是对生活的乐观，对工作的愉快，对事业的兴奋。"心态决定一切，如果一个男生能对生活始终保持着乐观、向上的劲头，那么相信他很快就会迎来成功的那一天，因为乐观本身就是一种成功。

这是一次残酷的长跑角逐。参赛的有几十个人，他们都是从各地被推举上来的长跑高手。然而最后得奖的名额只有三个人，所以竞争更加激烈。一个选手以一步之差落在了后面，成为第四名。他受到的责难远比那些成绩更差的选手多。

"真是功亏一篑，跑成这个样子，跟倒数第一有什么区别？"很多人都在为第四名惋惜。不过，这个选手若无其事地说："虽然没有得奖，但是在所有没得到名次的选手中，我名列第一！"

人生就像一场竞赛。在竞争中，乐观的心态，远比名次和奖品更为珍贵。乐观的人已经获得了成功。之所以会这么说，是因为乐观是一种积极性格，使人能看到事情比较有利的一面，期待最有利的结果。

乐观的男生与悲观的男生最大的不同就在于，他们看到事物的相反方面。乐观的男生总是能够看到有利的、令人愉快的事情，并且相信这些是永久的、普遍的。这种积极的心态使男生把眼前的不幸视为是暂时的。反之，悲观的男生总是认为自己不会遇到幸运事，好事是暂时的，坏事才是永远的。悲观的男生会把自己的不幸全部诿过于他人，而不会责怪自己。

父母要让男生学会乐观，这会让他终生受益。乐观不仅是一种迷人的性格，它还有着一种神奇的力量——它能使男生对生活中的许多困难产生心理免疫力。乐观的男生比悲观的男生身心更健康，更容易获得成功。因为他不会抱怨他人和环境，会更关注于自己，并且拥有重新振作的良好心态。

乐观的心态不是天生，是可以通过后天的培养实现的。那么，父母应该如何来培养男生的乐观呢？

（1）**父母给男生一个幸福的家庭**。性格形成主要得益于父母所创造的环境。著名心理学家法迪斯说："在孩子学会语言之前，他们是从感情的氛围中得出自己的结论的———这个世界是一个令人忧虑、愤怒的地方还是一个安全、愉快的乐园？"在幸福的家庭氛围中，男生看到家庭成员之间的关爱、和谐，能够给他带来一种幸福感，这种幸福感会使男生逐渐具有乐观的性格，比在不幸家庭里长大的男生要多得多。

作为父母最应该做的，就是为男生提供一个美满、幸福的家庭氛围。一个幸福的家庭是男生生活得快乐的永久源泉，也是培养乐观性格的发生地。男生虽然小，但可以敏感地感受到家庭氛围。所以，父母要先让自己能够快乐起来，成为一个快乐的、知足的人。成长在快乐家庭的男生，长大后比一般的人要更快乐。其中最重要的原因就是父母所创造的幸福环境成为了男生乐观心态的起源。

（2）**父母的乐观心态是男生的榜样**。父母在教育男生的过程中，自己

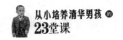

首先要做乐观的人，每个家长在工作、生活中也会遇到各种困难，父母如何处理困境会直接影响男生的做法。如果父母能以身作则，在面对困境、挫折时保持自信、乐观，奋发向上，男生也会有样学样，在遇到困难时，学着父母的样子乐观地去面对困境。

在平时的生活中，父母应该多向男生灌输一些乐观主义的认识，让他明白，令人快乐的事情总是永久的、普遍的，一旦有不愉快的事情发生，那也只是暂时的，只要乐观地对待，生活仍然是美好的。例如，碰到下雨的时候，妈妈要对男生说："下雨好呀，空气就会变好了。"而不要对男生说："真讨厌，今天又下雨了，真是不方便。"

父母要为男生树立表达情绪的榜样。父母要合理地、自然地显示个人的喜怒哀乐，不要在男生面前表现出过分的悲伤、压抑或愤怒。在男生面前，父母不要肆无忌惮地发泄自己的情绪，因为父母的情绪会影响到男生。如果男生长期面对情绪不稳定的父母，会让男生缺乏一种安全感，产生压抑的情绪。所以，父母在男生面前应保持情绪的稳定，乐观的心态，才能给男生提供一个榜样。

人生的道路离不开乐观的心态，有了乐观的心态就意味着成功。父母一定要注意观察男生的情绪。当男生有了不愉快的感受时，父母一定要鼓励男生说出来，不要压抑在心中。男生不排解心中的郁闷，是不会拥有乐观的心态的。父母要帮助男生克服心中的不愉快，以正确的态度和措施来保持乐观的情绪。

人应该为欢笑而生。父母要告诉男生：无论自己处于多么严酷的境遇之中，不应为悲观的思想所困扰。人生的追求不是幸福快乐吗？当男生拥有了乐观的心态，就会实现人生的目标，也就拥有了成功。

2. "男孩，你积极地对待生活，生活就会积极地对待你"

一切的和谐与平衡，健康与美丽，成功与幸福，都是由乐观、希望等积极向上的心态产生与造就的。在生活中遇到问题时，父母要让男孩学会用积极的心态去面对。既然事情已经发生，意志消沉也是于事无补的，不如用积极的心态让自己重拾对生活的信心与希望，积极寻求解决问题的方案。

快乐来源于思想和心理，一个人总是心里想着快快乐乐的事，这一天他就会快乐。没有任何人、任何事可以阻挡他快快乐乐。快乐的生活，快乐的人生，是由一个人的积极态度决定的。人要看开生活中的不幸，让心情变得快乐，生活就会积极地对待他。

父母要让男生明白：你对待生活采取什么样的态度，生活就会怎样的回报你。因为生活就像一面镜子，把人们的内在感受完全反映到外表。如果男生用快乐而不是悲观的，积极地而不是消极的，正面的而不是负面，向上的而不是退缩的，创造的而不是现状的，光明的而不是灰暗的态度来对待生活中的人、事、物，你就会拥有快乐的生活。

生活是由一个个片段组成的，其中有欢笑，也有悲伤。男生拥有积极的心态，才能在人生路上走得轻松。学着把悲伤与欢笑看做是冬天和春天，冬天到了离春天还会远吗？尽管生活有着一些糟糕事，但是积极的心态总是能够让男生获得希望与愉快的感受。当然，这个前提是男生要先拥

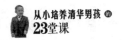
有积极的心态。

男生成为怎样的人，取决于教育。而父母是男生的第一位老师，让男生学会积极地对待生活，需要父母的引导。

（1）父母对男生的批评要适当。当男生做了错事的时候，父母要明确地告诉他"做错了"，但要注意言语，不要伤害到男生的自尊心，否则会显著地影响到男生的认知。有的父母看到男生犯了错误，就严厉地批评，甚至是以前的旧账也翻出来算总账，这样会对男生造成严重的心理负担，影响他的身心健康。

父母应该站在男生的立场考虑问题。当男生犯错误的时候，不要怒目而视，谁都会犯错误。父母也不要对男生太过苛求，用一颗宽容的心来对待他。如果男生犯了一点小错误，父母就大发雷霆，会吓坏了男生。男生会渐渐产生这样的想法："我做什么都是错的""少做事，就会少犯错误"，这样不仅让男生有了消极的态度，而且有可能形成自卑、懦弱的性格特点。当男生有了这种心态的时候，怎么还会去积极地面对生活呢？

（2）父母要允许男生表达自己的不愉快。男生在父母的照顾下，虽然衣食无忧，但是他也会有心事和烦恼。父母要做男生的避风港，鼓励他说出自己的不愉快，把情绪释放出来。父母要允许男生适当的哭闹，不要觉得男生就应该如何如何。如果男生在哭泣的时候，父母要求他停止哭泣，不能表现出软弱。表面上男生不在难过了，但事实上他会把心中的悲伤积聚起来。久而久之，反而造成男生的消极心理。

父母也不要轻视男生的心事，即使你觉得他的心事不值一提，只要是他的心事就请父母好好对待。作为称职的父母应学会倾听、乐于倾听，并从中捕捉出男生的弦外之音，才能真正学会从他的倾诉中真切地感受到他的喜怒哀乐，真正了解他在想些什么，要求什么，希望什么。父母学会换位思考，才能真正领会他的思想意图，才能有效地用父母的体贴去消除他心中的不愉快。当亲子之间有了情感共鸣后，父母才能做好男生的思想工作，实施家庭教育才会更有效。

所以，当男生表现出的不愉快，父母不要呵斥，应该让他尽情地发泄心中的郁闷。即使成年人在遇到不愉快的事情时，也需要一些时间来调整心态，更何况是一个孩子了。父母让男生把心中的郁闷发泄够了，他自然会恢复心情的平衡。当男生心理恢复平衡了，头脑也会跟着理智。这时父母的话，男生也能够听得进去了。

（3）父母要对男生进行希望教育。父母要引导男生去发现生活美好的一面，即使遇到困难也不要觉得自己是最糟糕的那个人。男生对自己的未来充满希望，必定会以乐观的心态去面对生活中的事情。

半杯水放在人们的面前。乐观者说："我还有半杯水，真好！"悲观者却说："我仅有半杯水了，真不好！"如果男生能够保持乐观、喜悦、感恩的心情，积极思考的心态和能力就会被激活。凡事都往好处想，自然会对生活中满希望。父母要让男生以勇敢与乐观的态度面对不利的处境，当自己不被他人理解的时候，要学会宽慰自己，用乐观的心态看待一切，鼓起勇气，扎扎实实，努力拼搏。

总之，父母平常注意鼓励男生接触各类事物，接触的事情多了，见多识广，心胸自然就开阔，悲观的思想便不容易产生了。父母要激励男生，告诉男生："人生不如意事十有八九"，天下没有哪个人未经历过挫折，每一个成功的人都是从失败中走过来的，而让他们走出来的秘诀就是积极地对待生活。父母让男生学会微笑地面对生活，将尘封的心胸敞开才能放飞心灵，淡去狭隘自私才能回归豁达宽容。只要男生能够调整自己的心态，发自内心的微笑，就能够丢开忧愁，享受生活给予他的惊喜。

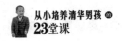

3. 作为未来的男人，要让他具备一颗上进的心

> 男孩长大要成为男人。社会对男人的要求较高，没有上进心的
> 男人不仅不会有好的事业、家庭，而且还会被人看不起。在竞争激
> 烈的社会里，上进心对男孩来说是何等重要的事。这是父母培养优
> 秀清华男孩的重要一课。

上进心是人们要求进步、不甘落后的心里意愿，是人们勇于开拓、不断前进的内在动力，是人们坚持理想、追求作为的思想信念，是引领人们不断谋求发展的精神导向与动力源泉。如果一个男生的上进心比较强并且一直保持下去，那么，即使男生的智商不太高，他也能够持之以恒，取得较好的成绩，将来成为社会有用之人。如果男生比较聪明，就是没有上进心，他的成绩也不会太理想。因此，父母培养男生的上进心是十分重要的。

男生有了上进心就会有了学习的积极性和接受教育的自觉性，就能发挥出自己的潜能，朝着健康、全面的方向发展。父母要想培养男生的进取心可以从以下方面入手：

（1）父母是家庭教育中的实施者，要以身立教。

家庭是男生出生以后面对的第一个环境，早期的教育就是在这里进行的。男生在父母的影响下开始认识这个世界，再形成自己的价值观。父母对男生的影响是不可以忽视的。在家庭教育中，提倡父母以身立教就是让父母以身作则。不难想象父母自己缺乏上进心，工作不思进取，生活上懒散邋遢、不务正业，还有什么资格去要求自己的儿子努力学习，好好表现呢？男生不仅不会听父母的教育，也许还会把父母的种种行为视为一种正常的生活状态。

父母要以一种积极上进的态度去对待生活、工作，用一种积极的人生态度去影响男生的价值观。即使父母遇到一些难题，也不要把消极的情绪流露给男生。父母要在男生面前维护自己的形象。父母遇到困难要让男生看到自己勇敢、坚强、执著的一面。

（2）父母要尊重男生的梦想，鼓励他实现。

作为父母是否知道儿子的梦想是什么？梦想一定是他最神奇的想象、最喜欢玩的游戏、最想要实现的心愿、最希望拥有的特殊本领。梦想有什么用呢？梦想就像是大海上的灯塔，鼓励和指引着男生靠向美丽的海岸。

每个男生都有自己的目标和梦想，作为父母应认真倾听，用心感受，即便这些梦想可能不切实际，也不应断然否定，而应引导其趋向现实、趋向合理，否则男生去实现梦想的积极性就会丧失。

一对身材不高的黑人夫妇生育了五个孩子，其中小儿子从小喜欢跟着他的哥哥们打篮球。可是，他太矮了，总抢不过那些大孩子。回到家，他苦恼地问妈妈："我怎么才能长得比哥哥还高呢？"妈妈安慰他说："晚上睡觉前把鞋子放在门口，妈妈帮你往鞋里撒点盐，你再向上帝祷告，就可以长得很快了。"

奇迹真的发生了！这个孩子不断地长高，很快超过了他的哥哥，身高最终超过了两米。

"妈妈，您说我能参加全美高中生篮球联赛吗？"

"能，只要你努力！"

"妈妈，您说我能成为NBA职业球员吗？"

"能，只要你努力！"

数年后，这个孩子成为了美国NBA历史上一位伟大的球员，他就是篮球巨星迈克尔·乔丹。

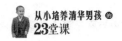

梦想是上进心的基础，需要父母的悉心呵护。不过，在很多父母眼中男生的梦想是那么不切实际，整个就是"异想天开"，甚至是"胡思乱想"。父母不要对男生的梦想妄加评断，也许有一天胡思乱想会变成了奇思妙想，白日做梦会变成美梦成真。少批评、多表扬是培养男生上进心的有效方法。男生的梦想一次次得到赏识，受到一次次鼓舞，在心理上就会产生极大的愉悦，树立了自信心，才有激励上进的动力。这样男生才会有动力去追寻更高的人生目标。

（3）发掘男生的兴趣，制定合理的目标。

兴趣是男生最好的老师。父母要成为发现男生兴趣的导师。当男生接触到自己感兴趣的学习内容或活动，态度就积极，心情就愉快，思维就活跃。培养男生的兴趣爱好，让他在学习以外的其他事情上找到快乐。父母对男生的兴趣要支持，但是也不能纵容男生。男生由于身心还处于成长阶段，做起事来常常"三分钟热度"。所以，父母要确认他的兴趣，并且表明自己希望他不要放弃自己的兴趣。父母要告诉男生说到就要做到，不能半途而废。

父母也可以适当的定一些目标。目标不宜过高，也不能过低。让男生通过一段时间的努力就可以实现为准。父母要督促男生尽量达到目标，这样可以增强男生的信心。父母适当地给男生物质和精神上的奖励，来提高他的积极性。父母在设定目标的时候，可以与男生的兴趣相结合，这样他自然会不断地为达到目标而努力。目标是人生的方向，有了这个方向，人生就会有奋斗的目标，有进取的动力，当然男生也会逐渐成功。

父母要明白世界上没有天生不知上进的男生，只是自己的教育得不够好。在平时的教育中多表扬、少批评就是要求父母换一种思维方式，多发现男生的兴趣和长处，多看到他的优点，并及时地当面进行表扬和鼓励。父母要用欣赏的眼光来看待男生，给他一份实现梦想或者目标的勇气和信心。男生一次次得到赏识，受到一次次鼓舞，在心理上就会产生极大的愉悦，成为激励他上进的动力。

第十三堂课

有责任感的男孩，才与"清华男孩"实至名归

责任感是一个人对自己、自然界和人类社会，包括国家、社会、集体、家庭和他人，主动施以积极有益作用的精神。可以毫不夸张地说，只有男孩有了责任心，从家的角度来讲，才会有一个属于他的幸福家庭，从社会角度来讲，才会在事业上取得卓越的成绩，才能受到他人的尊重。总之，男孩责任心的建立和维护是每位家长义不容辞的责任。只有有责任感的男孩，才不愧为清华响当当的男孩。

1. 让男孩学会孝敬父母

中国自古就有"养儿防老"的说法，可见男孩在将来就应该赡养自己的父母，这是不可推卸的责任。何况孝敬父母自古以来就是中华民族的传统美德，是不可丢弃的道德准则。父母要让男孩从小就懂得亲情的重要性。懂得关心和孝敬父母，是每一个孩子应有的好品德，如果你已是清华人，如果你想做清华人，在这方面一定要走在最前列！

中国有名老话："百行孝为先"。孝是一切道德的根源，是做一个有责任感的人的体现。教育男生孝敬父母、孝敬老人，一方面是为了父母自己着想，但更主要的方面，还是为了男生活得更有尊严，为了男生成为受朋友、受他人推崇的堂堂正正的人。一个总是顶撞父母、不孝敬父母的男生怎么会去善待他人呢？又凭什么会受到他人的尊重？而那些正直、有责任感的人是不会与这样的男生做朋友、共事。

父母不要因为爱而忽视对男生"孝"的教育，留心一下自己的儿子是不是已明显地表现出对父母缺乏理解和尊敬。很多父母可能会觉得男生年龄还小，给他讲孝敬父母的道理，他是不会理解的。其实，男生很聪明，父母切不可低估了男生的理解力。而且父母从小不重视对男生的教育，他会把父母对他的爱当做一种习惯来享受，认为是理所应当的事情。人的行为品格往往从小养成，积久成习。"三岁看老，七小看大"，强调的就是要从小培育孩子的善心与善行。等到男生长大了，父母在想修正他的想法，就会很困难了。所以，父母培养男生的孝心要从小开始。

现在的男生大多娇生惯养。父母面对儿子可爱的笑脸，期盼的表情的时候，如何不心软，希望能够满足他的一切要求。男生的要求得到满足后会露出灿烂笑容，是作为父母无比的满足和喜悦。父母对男生照顾得无微不至，衣来伸手饭来张口，什么都随着他的性子来。

今年8岁的小岩受到全家两代人的百般溺爱，不过他总是喜欢干一些外人看来不像话的事情。比如他会像小时候那样，撒尿就要撒在爷爷的帽子里。他还爱玩"钓鱼"游戏。这个游戏就是让爷爷在地上爬着转圈"游来游去"，自己则站在床上用铁钩子钓"大鱼"。爷爷爬累了想休息一下，小岩则不依不饶、又哭又闹，爷爷只好又顺着他。虽然爷爷觉得有些累，但是看到小岩高兴，自己也很高兴。小岩的爸爸曾经劝过爷爷不要和小岩玩这样的游戏，但看到爷爷并不在意，自己也就不再过问了。

父母对儿子有着很多的期望，也为他们投入了很多的爱，但是这样养育出来的男生总是和父母最初的想法有差距——霸道、蛮横、冷漠、自私等。今天很多家庭都有"小皇帝"，十分令人担忧啊！清代黄宗羲说："爱其子而不教，尤为不爱也；教而不以善，尤为不教也。"父母从小不注意培养男生的孝顺之心，及至长大成人，必然是一个不孝子。现实生活中儿子不赡养老人或者虐待老人的事情屡见不鲜，父母要注意对男生的教育，不要让媒体上报道的事情再发生在自己身上。

有的父母知道溺爱男生是不对的，于是就对男生严加管教。有人说：棍棒之下出孝子。难道一定要非常的严厉教育才能让男生孝顺吗？父母对男生过分的严厉，有可能出现两种情况。一种是男生被父母管教的很听话，就像老鼠见了猫一样，和自己的父母只是表面上照顾。另外一种是男生逆反心理比较强，对父母的严厉管教有很多的怨言，甚至有可能发展成为怨恨。

这两种男生都不会和父母的关系很好，因为他们和父母之间的感情是

生疏的。童年里受到父母过分严厉的体罚让男生心里充满了怨气和不解，认为父母不把他看得重要，不真正疼爱他。当男生有了这样的心里阴影后，怎么会对父母发自内心地关心呢？慈子才能孝。父母应该给男生提供一个温馨的家，让他在民主的环境下生长。在民主气氛下培养出来的男生才会真正理解父母，站在父母的立场和角度为父母分忧解愁。

在日常生活中，可以教育男生的事情非常多。父母应该给男生灌输关心父母的思想，为父母分忧解愁，为父母做一些力所能及的事。父母也不必给男生提出一些很高的要求，用一些小事培养男生关心自己的意识。比如，当父母生病的时候端水找药；父母生日的时候让男生知道；教育男生尊重长辈。并且，对男生的这些微小善行，都应多予赞赏。

让男生孝顺一些，也有赖于父母言传身教。父母作为男生的第一任老师，言行举止对他的品德养成至关重要。男生对父母的态度在很大程度上，受到父母对祖父母外祖父母态度的影响。父母教育男生孝敬自己，为自己分忧解难，父母应以身作则，成为他学习的表率。

父母不要忽视生活中的小事对男生的影响。积水成渊，集腋成裘。男生良好的品行是在日常的点滴小事中培养出来的。父母及时注意纠正男生在小事上表现出来的不敬念头，久而久之，就会形成孝敬父母的品德。同时，父母要想让男生懂得孝顺，自己先要付出无私的关爱和牺牲。当男生受到了感动，才能尊敬和孝顺父母。

2. 让男孩拥有一颗正义的心

正义是人类社会普遍认为的崇高的价值，是指具有公正性、合理性的观点、行为、活动、思想和制度等。通常没有正义感的男孩是缺乏责任感的，没有担当责任的勇气。这样的男孩往往得不到他人的青睐，也会影响他未来的发展。

当一个人丧失了正义感，他就会变得麻木不仁，奴颜婢膝，对很多黑暗的现象熟视无睹。没有正义感的男生的将来会是什么样呢？金钱和权利的诱惑可以轻易地瓦解他的斗志，最终将他引上一条不归路。另外，男生没有正义感就会纵容一些人的错误行为，不仅对社会造成不良的影响，社会舆论也会谴责他。

正义感是人面对邪恶的时候，面对危难的时候，能不记个人得失而坚持真理，能不顾个人安危而救助他人。这无疑是一种高尚的品德。父母如果希望自己的儿子有一天能够成为了不起的男子汉，就别忘了给他一个正义之心。正义是男子汉的信念。具有正义感的男生通常都具有良好的道德规范和健全的性格，自立自重，心胸坦荡，懂得承担责任，尊重自由，尊重社会公德，尊重他人权利。父母要想把男生培养成才离不开正义感的教育，作为一个男生也是有责任成为正义的先锋。

父母培养男生的正义感，首先就要求男生树立正确的价值观，明白什么是黑与白，对与错，美与丑，善与恶。不以善小而不为，不以恶小而为之。父母让男生清楚地知道那些行为是值得表扬和支持，那些行为是遭人

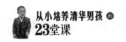

鄙视、唾弃和禁止的。在生活中父母给他灌输了正确的价值观，让他内化为自己的行为准则，在遇到问题时才会做出正确的判断，拒绝不正义的行为发生。

明明是幼儿园中班的孩子，每天回到家后，明明都会讲许多幼儿园里发生的故事。这天，明明有点不高兴，爸爸就问他："明明，有心事吗？"他告诉爸爸："今天下午玩滑梯时，新新不肯排队，一次次插在我前面！"爸爸问："那么你怎么做了呢？"明明很委屈地说："我能怎么办啊，新新长得比我高多了，我又打不过他。"一旁的妈妈笑了，摸摸儿子的头说："嗯，我们明明知道好汉不吃眼前亏了呢！咱们不跟他一般见识啊！"爸爸赶紧打断妈妈的话说："新新那样做是不对的，你为什么不让他去排队呢？就算新新比你厉害，你也不要怕他，因为你是正义的。你也可以去找老师评理啊，我相信老师也是会支持你的。明明，你要做一个勇敢正义的人啊！"明明听懂了爸爸的话，点了点头。

明明妈妈看似在开导、安慰明明，实际上让他丧失了正义之心。9岁以前的孩子还没有能力进行自我监督或者指导，他们还不能进行逻辑思考，只能通过模仿父母、配合父母的意愿来认识到什么是正确的。当妈妈认同明明的妥协行为而说出"好汉不吃眼前亏"时，明明就会把自己的行为当成正确的标准，他所理解的"好汉"，恐怕就是欺软怕硬之徒了。男生的正义感是需要培养的，妈妈的言语表面上是在保护男生的安全，却在不知不觉中让他丧失了正义之心。

而爸爸对待问题的态度和妈妈是不同。在明明处于正义感萌芽的时期，爸爸对他进行了正确的教育。面对不公平的事情，男生应该勇敢，表现出自己正义的一面。父母要告诉男生在这个社会上，每个人都要守秩序，不能因为一个人长得比自己高大，就可以为所欲为。忍气吞声就是在鼓励他的行为，这也是为什么新新不止一次插队的原因。妈妈对好汉不吃眼前亏的理解太过片面了，真正的好汉绝对不是欺软怕硬之徒。父母对男生行为的及时点评，帮助他树立了正确的道德意识。

除了父母对男生的说教，培养他正义之心的手段有很多途径。比如，恻隐之心便可以激发人的正义感。中国有句古话：恻隐之心，人皆有之。作为父亲和母亲，要培养男生对一草一木、小猫小狗的同情心，在家庭中形成一种互相关心、互相爱护的气氛，让男生幼小的心灵萌发同情的火花。父母可以反省一下自己的行为，当男生看到小动物受伤的时候，自己急忙阻止，是父母让男生变得冷漠，没有爱心，缺乏正义感。

父母还可以给男生讲一些有教育意义的故事，或者让孩子看一些体现正义感的影片。比如《西游记》中的孙悟空，虽然办事鲁莽，但却是惩恶扬善。或者是《超人》，他总帮助那些需要帮助的人。父母不要低估这些虚拟的人物，有的时候他们比父母的说教更能让男生印象深刻。

父母在培养男生的正义感时，别忘了提醒男生要学会保护自己。有正义感的男生往往在行为上表现得更加勇敢，但有的时候是不适合男生采取行动的。比如，面对有人溺水，面对大火现场，面对行凶歹徒……在很多紧急关头，男生用该保持冷静，很多事情不是光有正义感就可以解决的。父母要让男生对自己有充分的了解，如果情况不适合自己挺身而出的时候，不如去寻求成年人的帮助。父母要让他明白自己还是个小孩子，不要做成一些自己无法承担后果的行为。这样不是懦夫的表现，维护正义与保护自己是不相冲突的。在遇到危险的时候，男生能够保护好自己，不与人硬斗，才是最聪明的做法。

8. 让男孩懂得回报社会

社会是一个整体，谁也不能离开社会而独自生存。父母要让男孩知道自己是社会的一员，他们享受着很多社会给予的权利，同时也承担着很多相应的义务。所以，男孩应该感谢自己拥有的一切，并用自己所学知识本领来的回报社会。

男生从生下来的那一刻，就接受来自很多人的帮助，比如，父母之爱，同学和老师的帮助……总有一天，他也长大，从一个孩子变成一个社会人，担负许多社会责任。父母要让男生知道自己是社会的一分子，他应该用自己所学来回报曾经帮助过他的人，回报社会给他提供的一切。

如果男生不懂得回报社会，必然是一个自私自利的人，非常在乎得失，认为自己所拥有的一切都是理所应当的，自己没有必要为他人服务。有这样想法的男生很难与人合作共事，不利于建立良好人际关系。他的路可能会越走越窄。

受助一年多，没有主动给资助者打过一次电话、写过一封信，更没有一句感谢的话。湖北襄樊5名受助大学生的冷漠，逐渐让资助者寒心。2007年8月中旬，襄樊市总工会、市女企业家协会联合举行的第九次"金秋助学"活动中，主办方宣布：5名贫困大学生被取消继续受助的资格。

这些大学生为什么会这样的冷漠呢？其实问题的根结不在于他们的本质，而在于教育出了问题。在为孩子提供物质满足需求的时候，还应该对他进行相应的教育。当社会向他伸出援助之手的时候，别忘记了怀着真诚的心表示感谢，并且永远不要忘记回馈帮助过自己的人。作为父母应该让男生明白回报社会的道理。

感恩之心支持着男生回报社会。知恩不报非君子。感恩是人的一种美德，父母教会男生学会感恩，让他感激养育自己的父母，感激给予他各种知识的老师，感激给予他帮助的同学和朋友，感激生活中一切美好的事物，哪怕是那些点点滴滴。

父母教男生学会感恩，首先让他从感谢父母开始，要让他知道，即使是来自父母那最简单的衣食，最质朴的关怀，也无不倾注了父母对他们的无尽的爱。这种爱是独一无二的。这样男生才能珍惜自己拥有的一切，理解并爱父母。俗话说"百善孝为先"。如果一个男生连自己的父母都不知道感谢，怎么可能会去感谢别人对自己的帮助呢！现在很多男生成为了家里的中心，心中只知道爱自己，不知道关爱别人，只知道索取不知道回报。父母应该教会男生懂得说一声"谢谢"，让他为家里做一些力所能及的事情，以报答全家对他的关爱。

硕硕的父母非常重视对他的感恩教育。一次，硕硕的奶奶过生日，妈妈就带着硕硕为奶奶挑礼物。最后，他们选中了一副手套。妈妈还告诉了硕硕："奶奶有一双勤劳的手，她每天都起早到晚地为全家做事，非常的辛苦。奶奶不仅养育的硕硕的爸爸，而且还经常陪伴硕硕玩，对不对啊？"硕硕认真地点点头，回答妈妈说："恩，奶奶对全家人都很好，我要快快长大，给奶奶买好多好多的好吃的。"妈妈高兴地亲了亲硕硕。

还有一次，爸爸带着硕硕坐出租车。下车时，爸爸把钱递给司机时，说了一声"谢谢"。硕硕问爸爸："为什么要说谢谢呢？"爸爸对硕硕说："因为司机叔叔把我们送回家很辛苦啊！我们应该感谢他。"从此以后，硕硕在得到别人的帮助时，总不会忘记说上一声"谢谢"。

父母只要让男生拥有感恩的心，才能够理解他人对自己的付出，才能够自觉地回报他人对自己的帮助。如果脱离了感恩之心的教育，回报社会

就成为了空谈。父母把感恩之心当做男生的基础教育，他才会回报社会，而且可以从中得到快乐、满足和自我价值的实现。

父母对男生的爱不要是"无私的"，也可以要求一些"回报"。父母让男生体谅自己的辛苦，使男生主动地关心自己。父母教男生学会感恩，学会心存感激，学会滴水之恩当涌泉相报，让他以实际行动来回报父母。比如，帮助父母分担家务等，自己的事情自己做。

父母把回报社会的道理告诉男生之后，可以带着男生一起去做些体验活动。一直以来，父母都很重视男生在学校获得多少知识，学到多少本领。父母好吃好喝地供着，学校也只是不断地给予，除了分数从不要求其他的实际回报。回报社会也是一门课，是培养男生健全人格的课。父母应该为男生提供这样的机会，不要一味地强调学习。

也许，有的父母会说："他年龄还小，很多本事还没有学到呢？他能拿什么回报社会呢？"其实，男生也可以回报社会，甚至有着很多的优势。比如父母可以带着男生去敬老院看望老人。他不用做一些体力活，只需要陪老人聊一聊天。老人都很喜欢孩子，如果男生愿意陪他们，会给他们带来很多欢笑。

作为父母要支持男生在不耽误功课的前提下多参加社会服务活动，回报社会。从这些活动里，男生也可以得到很多锻炼，父母可以明显感觉他懂事了很多。这些活动能够让男生亲眼看见很多人都需要帮助，让他去亲身感受人与人之间的温情。父母让他去参加回报社会的活动，是让他去检验自己的想法，让有用地留下来，将其充实并发扬光大。

总之，吃水不忘挖井人。父母要让男生学会感恩地对待他所拥有的，带着他去参加一个公益活动。回报社会不仅是一种幸福，也是一种感恩的行为。他也是社会的一员，他也有着一定的社会责任。他的整个人生都不可避免地与社会发生着关系。他积极地回报社会，社会也会更好的接纳他，给他更多广阔的发展空间。

第十四堂课

兴趣爱好，是男孩走向清华最好的老师

关于兴趣，是指一个人经常趋向于认识、掌握某种事物，力求参与某项活动，并且有积极情绪色彩的心理倾向。当一个人对某一事物感兴趣的时候，他就会不自觉地调动所有的精力去追寻它，并且不断地为自己提出更多、更高的要求，甚至以此作为他毕生的事业。所以，兴趣是男孩走向成功最好的老师，对于以清华为目标的男孩，父母要从小培养他们对学习的兴趣，当他们对学习产生浓厚的兴趣后，就会省去父母很多的精力和麻烦。

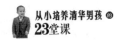

1. 父母要尊重男孩的兴趣

　　兴趣爱好是最好的老师。兴趣可以让男孩把注意倾向于喜欢的事情。在沉浸于喜欢的事情里，男孩会表现出心向神往的情绪。但是，很多父母却剥夺了男孩选择兴趣的自主性，强硬地规定他们应该有这样或那样的兴趣，这样做只能让他们失去对生活的兴趣。父母应该懂得尊重男孩的兴趣，只有真正属于男孩自己的兴趣，才能够成为他们走向成功的好老师。

　　很多父母都希望自己的男生能够成为全才，加之今天的社会竞争激烈，加剧了父母的危机感。许多父母不惜一切代价，将男生送入各种"兴趣班"学习。男生游戏玩耍的时间越来越少，活泼好动的天性受到严重压抑。男生学什么，不学什么，什么时间学，什么时间不学，完全由父母操纵，男生几乎没有发言权。男生的兴趣和意愿掌握在父母手上，而父母常常以个人的愿望代替男生的兴趣，这不仅违反了男生的心理特点和教育学原理，而且严重剥夺了男生的权力。

　　父母应该让男生在一个民主的环境下长大，把他看成是一个独立的主体，要尊重其人格、思想及意愿。父母不要认为男生年龄还小，就没有做决定的权利和意识。父母尊重男生的兴趣就是尊重他的人格。男生有权利选择自己喜欢的兴趣，这是男生应有的权利。那些不顾男生兴趣、剥夺男生兴趣、压制男生兴趣的做法是一种错误的教育方式。

　　父母要放弃家长姿态，尊重男生的兴趣，给他选择兴趣和爱好的权利。男生的成长不仅有物质需要，还有精神需要，精神需要还应该包括受教育的权利、享有休息的权利、游戏和娱乐的权利。而兴趣往往就根源于男生的需要，在需要基础上产生某种意识倾向。随着男生年龄的增长，满足自身的兴趣越来越成为其重要的精神需要，满足这些需要是男生应该享有的权利。父母应该学会尊重男生的兴趣，用平等的态度与男生沟通，把男生的兴趣权还给他。

兴趣应该是男生自己的兴趣，因为活动主体是男生自己。虽然男生出生时十分弱小，一刻都离不开成人，这容易带来一种错觉，即男生不能主宰自己，父母就应该成为男生的主宰者。因此，父母常常把自己当做男生的保护神，代替男生采取动作、思考问题、选择兴趣……实际上，男生既是受教育者，又是活动的主体，而这些又都不是由年龄的大小决定的。男生从出生的第一天，就开始以主体的身份存在，并踏上了发展自我、完善自我主体的人生之路。

从男生出生的那一天，他就是一个独立的人，每一天都在走向成熟，成为各种行动的发起者。父母不要因为他暂时还处于较弱的状态，就包办男生的一切活动。父母要尊重和呵护男生的兴趣，而不是代替和剥夺男生选择兴趣的权利。父母要相信男生会一点一点成熟起来，有他真正想做的事情。如果把男生比作是一朵含苞待放的花朵，父母应该是一个园丁，职责就是为花种施肥、浇水、锄草，使花开得更加的娇艳。开放的始终是花朵，父母不应该也不可能代替花朵开放。

父母强迫男生按自己的意愿和指令去选择兴趣，会引起两种后果：一是压制了男生主体性的发展，把男生变成了处处依赖成人、缺乏头脑的"笨蛋"，对什么都提不起兴趣，机械地按照父母的命令去实现父母为他规定的兴趣；二是引起男生的反抗，男生希望自己的兴趣得到满足，可父母却限制这种兴趣，于是亲子之间成为对立的双方。父母再想进行其他的家庭教育就会困难重重。总之，承认男生的兴趣就是尊重男生的人

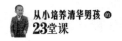

格，是把男生培养成才的前提。

很多父母以自己的经验判断男生应该培养什么兴趣，于是依据自己的观点为男生安排兴趣班学习。父母总是认为为男生考虑好人生之路是父母的职责，但实际上父母保护好男生的兴趣权也是父母的职责所在。男生是兴趣活动的发起者，关系到他对自己的认识、评价以及对未来的设想。如果父母不给男生选择兴趣的权利，就是限制了男生思考的空间，行动的动力。既不能思考，也不能够行动的男生怎么能够获得成功呢？

父母不尊重男生，不考虑他的意愿和兴趣，一味将自己的愿望强加在他身上，这只能让幼儿感到，什么事都要听父母的，父母会代替自己完成一切。久而久之，男生就走进了一个被剥夺权力的怪圈，他们误以为这个怪圈就是自己应该生活的世界，而不知自己还应享有受尊重的权力，也不知道只有自己喜欢做的事情才是真正的兴趣。

反之，父母把男生看成一个独立的个体，尊重他的兴趣爱好，让他的自我意识得到充分的发展。随着兴趣爱好的发展，男生会感受到自我的存在、自我的价值、自我的尊严。他们会按照自己的兴趣自觉地采取行动，并且心甘情愿地付出辛苦。父母要为男生提供一个发展兴趣爱好的环境，鼓励他不放弃自己的兴趣。真正的爱男生，不是为其规划好人生轨迹，而是尊重男生的兴趣爱好，让他走自己想走的路，做喜欢做的事情。只要是不违法、不消极，不丧失人格和尊严的爱好，父母就应该替男生感到高兴，因为他找到了引领他走向成功的老师。

兴趣对男生成才很重要，但是兴趣的培养就像种在土中的一粒种子，需要浇灌才能够破土而出。父母要试着站在男生的角度思考，尊重他的兴趣爱好，不嘲笑和挖苦他的兴趣不现实和无意义。父母要想让兴趣爱好成为男生的老师，就要把兴趣权还给男生，让他拥有为之兴奋的兴趣爱好，而不是父母自己想要的兴趣。

2. 如何发现男孩的兴趣爱好

作为父母不能只关注男孩吃得好不好，或者只要求男孩学习好就可以。父母应该走进男孩的心理，思考他们除了物质之外，还有没有其他的精神需要。兴趣爱好是男孩心理需求的体现，而男孩身心还处于生长发育阶段，需要父母帮助来发现兴趣、爱好。

父母的责任是发现并培养男生的兴趣。现在面对激烈的社会竞争，许多父母都把分数作为唯一追求的目标。每次男生考试回来，父母总是会迫不及待地问："考得怎么样？考多少分？"如果男生的成绩不理想，父母就会表现出不满的情绪，并且明确地表示禁止男生其他的活动。这样的做法是错误的，完全违背做父母的关心孩子健康成长的原则，更别提什么兴趣爱好了。

对于男生的培养，父母除了把他教育成一个讲文明懂礼貌的高素质的人之外，还要懂得如何去发现男生的兴趣爱好，让他全面地成长。兴趣，是男生走进成功大门的钥匙，引导他获得成功的老师。不过，男生年龄还小，对自己的行为还没有分析和判断能力，而且兴趣爱好的稳定性又比较差。所以，男生能否拥有自己长久喜欢的兴趣爱好，父母起着重要的作用。男生的兴趣爱好能不能早一些被父母所注意成为一个关键。

考试的分数不能代表男生所有方面的能力，兴趣爱好是很重要的。因为它可以成为男生努力的动力，成为男生日后从事的事业。父母过分强调考试分数，有可能限制男生的全面发展，培养出高分低能的孩子。兴趣爱

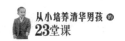

好之所以重要是因为它具有启发智力的作用。而高分数不等于实现了高素质教育，只能说明男生的应试能力很强。今天的社会更需要一些复合型人才，而不是只会读书本知识的书呆子。要想让他更好地适应未来的竞争，父母应该以男生的兴趣爱好为出发点，把他培养成具备多种能力的人才。

小刚蹲在地上已经很长时间了，妈妈走过发现小刚在看一群蚂蚁抓一只虫子。妈妈问小刚："你是在看蚂蚁吗？"小刚点点头说："对呀！蚂蚁能抓住一只比自己大那么多的虫子。它真的很厉害。它一定还有很多秘密我不知道，我长大后要当科学家，做最有学问的人。"妈妈有些无奈地说："不要说傻话了，看看蚂蚁就能当科学家啦？你今天的作业写完了吗？不要把时间浪费在这些没有意义的事情上。"……

父母的错误言行就有可能断送了一个科学家。兴趣在男生的成长过程中，具有十分重要的作用。要培养和发展男生的兴趣，父母应学会去发现男生的兴趣爱好。

父母从男生的发问中去了解他的兴趣和爱好。男生总有着很强的好奇心，喜欢追着父母问这问那。孩子问得多了，父母就会觉得烦，有的会简单敷衍几句就把孩子打发了，有的索性训斥一顿或者不理睬。殊不知，男生爱提问题正是一件好事，说明他有着强烈的求知欲和探索精神。男生爱提问，是受好奇心的驱使，是兴趣爱好的标志，也是其智力活跃的征兆。

善于发问的男生是聪明的男生，说明他已经有了思考的意识。父母不应该为男生的问题而心烦，而是应该为自己有一个勤于思考，善于观察的男生感到骄傲。聪明的父母要善于从孩子的发问中，挖掘他的兴趣爱好，帮助他们解决"为什么"，认识"是什么"。伟大的发明家爱迪生小的时候就喜欢问"为什么"，他的母亲充分肯定了他的敢于问个"为什么"的发问精神，并加以培养，使他成为人所共知的大发明家。

在日常生活中父母要做有心人，挖掘出男生的兴趣爱好。父母是男生最亲近的人，应该比任何人更有机会了解男生。比如，周末、节假日，与男生一起进商店，逛公园，或到树林里散步时，父母可留心他感兴趣的商品、书籍、景物等。为了培养男生的兴趣爱好，父母还可以跟他一起写字、画画、玩组装玩具等等。只要男生有了一点兴趣，父母就可以带着他去尝试。每个人的兴趣都不是一下子就被发现的，父母始终陪伴着男生参与各种活动，总有一天会发现男生真正的兴趣爱好。而且男生在与父母共同活动时，他的兴趣和才能会更加清楚地表现出来。

如果父母总是限制男生的活动，给他一个很小的生活圈子，不仅阻碍了他的见识，而且还限制了他发现自己的兴趣爱好。所以，父母要多给男生一个活动的空间，让他自由快乐地成长。

从成功的体验中挖掘他的兴趣和爱好。 成功会给男生带来满足感，可以让男生树立自信，也能够让男生肯定自我价值。在成功面前，男生更容易产生积极地思考，他也会认识到自己在这方面是有能力的。这种心理感受会激发男生对这一方面更有兴趣。成功与兴趣是可以紧密地联系在一起的，形成一种良性的循环。

父母应该让男生去做那些他擅长做的事情，他才能够获得成功。当一个男生总是做一件让他感到沮丧、受挫、失败的事情，怎么还提得起兴趣去为之奋斗呢？

总之，作为父母不能只欣赏男生的兴趣，还要善于发现男生的兴趣。不管男生对兴趣持什么态度，父母都要以极大的热情发现并支持，使其发展成为一种能力。很多优秀的人都是父母正确教育和培养出来的。

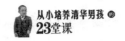

3. 让男孩远离不良的兴趣爱好

在家庭教育中，强调父母应该尊重男孩的兴趣爱好，但不意味着父母可以对男孩的兴趣爱好放手不管。有些兴趣爱好是不提倡的，有些兴趣爱好要适度控制的，而有些兴趣则是可以让男孩显得更有气质、更优雅的。父母可以引导男孩培养高雅的兴趣爱好，让他们显得与众不同。

兴趣爱好应该是发自内心的一种喜爱，是对某种事的着迷。男生的成长中需求各种各样的需求，兴趣爱好也是其中一种需求。兴趣又可以分为几种类型，这都与人的心理需要有关系。

有的人会把衣、食、住、行作为自己的兴趣。这种兴趣鼓舞着人们去追求、创造美好的生活。但是，有这种兴趣爱好的人要对自己有一定自我约束能力，因为物质上的兴趣爱好符合自己的经济条件，另外对物质过分地追求，就会使人变得贪婪，禁不住诱惑，放弃远大目标，走上邪路。所以，父母在教育男生的时候，对物质的兴趣爱好应有所克制，不能成为它的奴隶。

除了物质上的兴趣爱好，更多的人追求的是精神上兴趣爱好，比如：音乐发烧友，电影欣赏，绘画等等。这种兴趣爱好不同于物质上的爱好，它可以发展人们对客观事物的认识，主动学习某一方面的知识，在这个学习的过程中人们感到愉快、满足、成就感。

其实，不管物质还是精神上的爱好，都会有利有弊。因为活动的主体不同，所以他们的兴趣爱好表现出的品质也会有所不同。因此，父母的引导作用很重要。虽然兴趣爱好对男生成才起着非常重要的作用，但是凡事都有一个度的问题。有一些兴趣爱好可以让男生成才，也可以将他推向地狱。

小杰是一个品学兼优的初中生，父母为了奖励他学习成绩优异，给他买了一台电脑。起初父母看到小杰很喜欢自己送的礼物也跟着高兴，但是没过多久父母发现小杰坐在电脑前的时间越来越长。妈妈担心地问小杰："你每天在电脑前都干什么呢？"小杰说："我在玩网游，我现在的级别已经很高了，而且也很有钱。"妈妈被小杰说得一头雾水。

后来在一次开家长会上，妈妈听老师说小杰在学校的表现越来越不好，上课注意力不集中，考试成绩不理想。妈妈回到家后，看到小杰又在玩游戏。妈妈生气地质问小杰："你能不能不玩游戏啊？"小杰说："为什么不能玩？"妈妈说："你玩游戏已经开始影响到学习了，以后不准你再玩游戏了。"从此以后，小杰被禁止上网了。

父母本以为事情就这样解决了，但是小杰回家越来越晚，父母问他干什么去了，他就说补课。后来，父母才知道小杰是到黑网吧上网去了，而且还有旷课的问题。小杰的父母非常的伤心，孩子怎么会变成这样了呢？难道给他买电脑错了吗？

现在青少年网络成瘾已经成为很多家长关注的话题。对网络的痴迷影响了男生的身心健康，甚至有媒体报道少年猝死在网吧里。其实，男生对网络感兴趣没有错。今天的社会是网络时代，网络已经成为人们生活的一部分。李彦宏就是因为对网络的兴趣，对搜索引擎的执著，才坚持不懈地努力，创造了百度。网络本身没有错，错误是父母的教育不到位。

男生玩游戏也没有错。大多数男生都喜欢玩游戏，甚至可以说游戏陪伴着男生成长。男生玩游戏不仅可以让他放松心情，而且可以锻炼反应能力，思考能力。很多年轻人就是因为从小喜欢玩游戏，后来选择了网络游

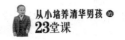
戏这个行业。

如果拿小杰的故事来说明，父母应该尊重他对游戏的喜爱，简单地禁止是不能解决本质问题的。网瘾就像毒瘾，需要父母走进男生的心里，只有让男生认清了兴趣已经演变成了一种错误，伤害着自己，他才能渐渐醒悟。父母应该在平时多与男生讨论他的兴趣爱好，甚至可以把男生的兴趣爱好，看成是自己的兴趣爱好。父母只有了解了男生的想法，才能够避免悲剧的发生。

另外，父母要注意自己的言行。比如，喜欢酗酒，打麻将赌博等等。这样只会影响自己在男生心中的地位。父母不仅无法让男生改掉不好的兴趣爱好，甚至还有可能沾染上父母的不良兴趣。父母可以培养男生高雅的兴趣爱好。唱歌、跳舞、绘画都可以陶冶男生的情操，显得气质优雅。高雅的兴趣还能够反映出男生深切感受，崇高的感情特征，促进他的健康成长。男生拥有一个高雅的兴趣爱好，会让他显得与众不同，能够吸引更多的人关注。

当然，父母不要觉得高雅的兴趣好就硬性规定男生学什么，这样只会让男生反抗得更强烈。父母要想培养男生高雅的兴趣，就请先和男生做朋友。培养男生高雅的兴趣爱好不是简单的事，需要父母积极、耐心地引导。比如，给男生营造一个良好的家庭气氛，父母可以试试经常在男生面前谈论美术、音乐、舞蹈等等，或者带他观看相关的节目。男生听得多了，渐渐就会生成一种习惯，开始对高雅的艺术产生兴趣。

第十五堂课

正确的价值取向，让清华男孩拥有正确的人生

　　价值观是指一个人对周围的客观事物（包括人、事、物）的总看法。在教育男孩的问题上，父母一定要让他们从小树立正确的价值观，因为价值观的正确与否将对他们的未来产生决定性的影响。正确的价值取向，贯穿于人生的全过程，即使是已经走入清华的男孩，一样要懂得价值观的重要，没有正确的价值观，在人生道路面临重大抉择时，就会出现偏差和错误。

1. 让男孩更懂得尊重弱势群体

在我们的社会上存在着大量的弱势群体，他们比常人更需要社会的关爱。让男孩懂得尊重社会弱势群体，不仅能够培养他的爱心，更能增强他的社会责任感。作为清华的男孩，是天之骄子，更要懂得这一点。

尊重别人不仅是一种教养的体现，更是自信的一个明显标志。一个不懂得尊重别人的人不仅无法赢得别人的尊重，即使步入社会之后也很难获得什么成就。在现实生活中，我们可以看到社会上存在大量的弱势群体，他们或许是残疾病人，或许是下岗工人，或许是孤寡老人。上帝赋予了我们每个人高贵而自由的生命，人人生而平等。这些人同样需要别人的尊重、同情和关爱。尊重和关爱社会弱势群体不仅是社会的责任，更需要每个人的行动。

下面这个故事发生在美国纽约的曼哈顿，这是一个的真实故事。

有一天，天气晴朗，万里无云，春天里的一切都透露着生命的朝气。一位打扮时髦，看样子有40多岁的中年女人领着一个小男孩走进了美国著名企业"巨象集团"总部大厦。楼下有一个漂亮的花园，花园里开满了鲜花。中年女人和小男孩就在一张长椅上坐了下来。她喋喋不休地在跟男孩在说着什么，一副很生气的样子。不远处有一位头发花白的老人正在专心修剪花园里的灌木。

忽然，中年女人从随身携带的挎包里揪出一团白花花的卫生纸，一甩手将它抛到了老人刚刚修剪过的灌木上。老人非常诧异，就转过头朝中年女人看了一眼。中年女人也满不在乎地看着他。老人什么话也没有说，走过去拿起那团纸扔进一旁装垃圾的筐子里。

没想到过了一会儿，中年女人又揪出一团卫生纸扔了过去。老人和上次一样，一句话也没说，甚至都没看中年女人一眼，再次走过去把那团纸拾起来扔到筐子里，然后回到原处继续工作。可是，老人刚拿起地上的剪刀，第三团卫生纸又落在了他眼前的灌木上……就这样，老人一连捡了那中年女人扔的六七团纸，但他脸上始终都没有因此露出不满和厌烦的神色。

"你看见了没有？"中年女人指了指修剪灌木的老人对男孩说："我希望你明白，你如果现在不好好上学，将来就跟他一样没出息，只能做这些卑微低贱的工作！"

老人听到之后，放下剪刀走过去，对中年女人说："夫人，这里是集团的私家花园，按规定只有集团员工才能进来。"

"那当然，我是'巨象集团'所属一家公司的部门经理，就在这座大厦里工作！"中年女人十分傲慢地说着，同时还趾高气扬地掏出一张证件在老人眼前晃了晃。

"我能借你的手机用一下吗？"老人沉吟了一下说。

"你连手机都没有吗？唉，好吧！"中年女人极不情愿地把手机递给老人，同时又不失时机地教育儿子："你看这些穷人这么大年纪了连手机也买不起。你今后一定要努力学习啊！"老人打完电话后把手机还给了妇人。片刻，一名男子匆匆走过来，毕恭毕敬地站在老人面前。老人对男子说："我现在提议免去这位女士在'巨象集团'的职务！""是！我立刻按您的指示去办！"那人连声应道。

老人吩咐完后走到小男孩的身边，他用手摸着小男孩的头，意味深长地说："我希望你明白，在这世界上最重要的是要学会尊重每一个人，即

153

使那个人看起来微不足道……"说完，老人在三个人的目送下缓缓离去。

中年女人一下子被眼前骤然发生的事情惊呆了。她认识那个男子，他是巨象集团主管任免各级员工的一个高级职员。

"你……你怎么会对这个老园工那么尊敬呢？"她大惑不解地问。

"你说什么？老园工？他是集团总裁詹姆斯先生！"中年女人一下子瘫坐在长椅上。

上面发生的故事在生活中虽不多见，但是却深刻地说明了学会尊重别人是一件多么重要的事情，也许因为你对别人的一个恶劣的态度就能让你丧失机遇、成功和幸福的生活。尊重别人并不只是尊重那些比自己地位高的人，弱势群体更加值得你去尊重。去年发生的四川汶川大地震毁灭了无数的家庭和生命，许多人因此失去了家园和亲人，他们的生活陷入了巨大的悲痛之中。但是一方有难，八方支援，全国千千万万的人们奉献出自己的一份爱心，捐钱捐物支援灾区人民，希望为他们的家园重建出一点微薄之力。这就是尊重和关爱弱势群体的充分体现。

尊重别人就是尊重自己，每个人都有自尊，即使他处在多么卑微的地位。我们每个人都希望得到他人的尊重，但是尊重他人是前提条件，不尊重他人同时也是贬低自己的愚蠢行为。男生生性调皮，有时候会让父母很费心。如果男生从小缺乏尊重他人的意识，很容易养成不尊重长辈、对他人出言不逊等没有礼貌和教养的坏习惯。作为男生的父母为了培养他从小尊重他人，尊重弱势群体的意识，首先父母要以身作则，为孩子树立一个光辉高大的榜样，在生活中尊重老人，尊重社会弱势群体，有仁爱之心。俗话说：榜样的力量是无穷的。父母的言传身教对男生思想和行为的影响不可低估。只有让他在成长中学会善良，同情弱者，有大爱之心和社会责任感，那么即使孩子将来成不了什么伟大的人物，也会是一个正直善良的人。

2. 要让男孩懂得助人为乐

助人为乐是一种高贵的品质，是人性美的展现，是人格升华的标志。我们通过无私地给予别人帮助来实现自己的价值；我们也可以帮助别人达到内心的愉悦。帮助别人，有时候就是帮助自己。可爱的男孩们，在奔向清华梦想的路上，你们一定要谨记互帮互助、共同进步才能取得更大成功的道理。

一个乐于助人的男生，不仅会得到同伴的欢迎和尊敬，还会受到成人的嘉奖。身处集体中，也更容易得到别人的欣赏和认可。助人为乐是一种高尚的品格，对男生步入社会之后获得成功也大有裨益，父母应该注重培养男生助人为乐的品质，把助人为乐这种思想播种在孩子的内心，让他也体会到助人为乐的快乐。

在美国西部的一个偏僻的小镇上。某个冬天的夜晚，刮着凛冽呼啸的北风，透着刺骨的寒冷。风刮在人们的脸上就像刺客的刀子一样疼痛。这时，一对年过六旬的老夫妇正步履蹒跚地走在街上。由于夜深了，天气异常寒冷，很多旅馆不是人满为患了，就是早早关了门。这对夫妇，又冷又饿，希望尽快找到一个温暖的安身之处。

他们找了好久，终于看见前面的路边有一间简陋的旅店，他们喜出望外地走进了店里。不料店里的小伙计充满歉意地说："对不起，店里客人都满了。"

"我们已经找了好多家旅店，这样糟糕的天气，我们该怎么办呢？"

屋外，呼呼的寒风仍然刮着，眼看就要飘起雪花了，恶劣的天气让这对夫妻非常发愁。

店里的小伙计不忍心让这两位老人再继续受冻，他想了想说："如果你们不嫌弃的话，今晚就住在我的床位上吧，我自己在店堂里打个地铺吧。"

小伙计见他们饥寒交迫，又给他们端来热水和热乎乎的饭菜，并且为老夫妇铺好了床，老夫妇两人心里非常感激。第二天走的时候，付了双倍的客房费，小伙计坚决不要，他说："我仅仅做了一件自己力所能及的事情，让你们这么大年纪的人在风雪中，任何人都于心不忍。"

临走时，老夫妻拍着小伙子的肩膀，语重心长地说："小伙子，只有像你这样的品德，这样用心经营旅店的人，才有资格和能力做一家五星级酒店的总经理。"

"那样太好啦，呵呵。"小伙计并没有在意，"起码总经理的收入可以更好地养活我的妈妈啦。"他随口应和道，哈哈一笑。

两年后的一天，小伙子收到一封来自遥远的纽约的信件，信中夹有一张往返纽约的双程机票，并邀请他去拜访一对老夫妇，这对老夫妇就是当年睡他床位的那两位老人。

小伙子来到大都市纽约，老夫妇把小伙子领到最繁华的街市，指着那儿的一幢摩天大楼说："那是专门为你兴建的一座五星级宾馆，现在我们正式邀请你来当总经理。"

助人为乐的小伙子一个小小的帮助，赢得了老夫妇的极大好感，无意间也成就了自己。

作为父母，该怎样教做才能教会男生助人为乐呢？

第一，要启动孩子的帮助能力

有些孩子并不是不想帮助别人，但是在别人需要帮助时，孩子往往表现得很漠然或不知所措。这种情况，父母千万不要责怪孩子。孩子其实也想帮助别人，但是他并不确信自己是否有帮助别人的能力。因此父母要经常寻找机会，增强孩子的自信心。比如，在父母买菜的过程中，你可以请孩子帮你提一点东西。当孩子顺利地答应之后，父母要说声谢谢，并继续向孩子提出请求：以后，妈妈手里东西很多的时候，你都乐意帮妈妈拿东西吗？一般情况下，孩子是很乐意的。在生活中父母要经常通过具体的事例，让孩子感到自己有能力去帮助人，这样孩子帮助别人的信心就会得到增强，帮助别人的热情也会提升。

第二，让孩子学会来事

当别人需要帮助时，有的孩子并不能及时给予别人帮助，另一些孩子却视而不见。如果您的孩子有这些情况，父母要经常用语言向孩子传达自己需要帮助的信息，并告诉孩子可以提供给哪些具体的帮助。父母还可以利用生活中经常发生的事例，教会孩子懂得如何从别人的表情和行为来看出对方的需要，让孩子去关心对方并及时给予帮助。

第三，要让孩子知道量力而行

很多时候孩子没有给予别人及时的帮助，并不是说孩子不想帮助别人，而是孩子认为他缺乏帮助别人的能力。因为帮助别人自己需要具备某种技能，比如：想帮同学解决数学上的难题，首先就要求自己会做。比如：当父母生病的时候，应该怎样去帮助父母买药、请医生，不仅要求孩子要具备这样的活动能力，还要具备一定的叙述能力。这些能力的培养都需要父母在日常生活中一点一滴教给孩子，只有教会了他，他才有能力去帮助别人。

第四，要让孩子具有辨别能力

能够给别人以帮助固然是好事，但是在什么时候给予帮助，什么时候插手也非常重要。因为在生活中我们经常遇见一些人本来是要帮助别人的，结果却帮了倒忙，给别人也给自己带去不必要的麻烦，所以这就需要孩子有一定的辨别能力。

当孩子乐意帮助别人后，要把范围扩大。父母可以教孩子去帮助那些

比自己小的孩子以及那些老人，让孩子把掉下来的小雏鸟送回窝里；让孩子搀扶盲人、残疾人过马路；在公交车上为老人让座；为行动不便的老年人送送书报等。这些看来琐碎的小事都是助人为乐精神的体现，让孩子更能深刻地体会到帮助别人原来很简单。

帮助别人并不是难事，有时候无心的一个小小的善举，就能给别人带去巨大的帮助，就能解决别人的困难。作为一个孩子的父母，应该从小就培养孩子乐于助人的品德，让他在帮助别人中获得快乐和成就。刘备说过：勿以善小而不为。说的就是不要以为一件好事，但是因为很小就不去做了。生活中帮助别人非常简单，非常容易，很多都是孩子力所能及的小事。高尔基曾经说过一句名言：给永远比拿快乐！所以让男生学会乐于助人吧！他在帮助别人，同时也在成就自己！

3. 会赞美别人的男孩，成功的几率更大

每个人的内心中，都希望得到别人的赞美和夸奖。赞美就像蜂蜜一样让人感到甜蜜。真诚的欣赏和赞美可以得到别人的好感。我们身边每个人都有看不到的长处和亮点。去发现他们身上的闪光点，不要吝啬，去真诚地赞美别人吧！这将让你在"清华园"内外备受欢迎！

赞美拥有神奇的力量，真诚的赞美或许无意间就能改变别人的一生。因为赞美是对人的一种巨大的鼓舞和激励，它能让人身处逆境的时候更勇于前行。

1852年的一天，俄国作家屠格涅夫外出打猎，在树林里漫步的时候无意间捡到一本杂志，他就随手翻开来看，没想到被一篇名叫《童年》的小说深深地吸引了。他看了一下作者名字，他并不认识，作者是一个刚刚登上文坛的新人。屠格涅夫惊讶于这个作者巨大的文学天赋，他决心找出这个年轻人。通过四处地打听和拜访，屠格涅夫终于了解到了作者的详细情况：两岁丧母，七岁丧父，他是由姑母抚养成人的。屠格涅夫十分同情年轻作者坎坷的人生经历，随后屠格涅夫在多种场合公开赞扬了《童年》这部小说，他还把他读这部小说的感受告诉了作者的姑母。

姑母很快给自己的侄儿写了一封信：你的小说获得了很大成功，著名作家屠格涅夫也公开地称赞你，他还让我鼓励你一定要继续写下去！你的前途不可限量啊……

收到姑母的信后，作者欣喜若狂，本来因为苦闷的生活而沉寂很久的作者一下子又燃起了对自己文学创作的信心，因为得到了屠格涅夫的称赞，这是多么荣幸啊！之后的若干年里，作者以巨大的创作热忱投入到后来的写作中，先后写出了《战争与和平》、《安娜·卡列尼娜》、《复活》等巨著。他就是十九世纪俄国最伟大的现实主义作家列夫·托尔斯泰。

因为一句无私的赞美，竟然改变了人的一生，这是多么惊人的力量啊！恐怕也只有赞美才能产生出来吧！

赞美也是一种有效的交往技巧，它能够缩短人与人之间的心理距离。当你初到一个地方的时候，和其他人不太熟悉的时候，适当地对别人进行一些赞美可以博取别人的欢心，使你快速地融入到团队里去。

小时候听母亲说我们刚搬到镇上居住的时候，由于人地生疏，对镇上的情况又不是很了解，使得我们家和邻居们的关系非常糟糕，常常发生一些不必要的争吵。母亲很为这件事情伤脑筋，于是她就请教我的外婆。外婆给了她三个字：说好话。

母亲听了外婆的话后，恍然大悟。她是一个很聪明的人，她决定按照外婆说的去做。从此以后当她见到左邻六七十岁的邻居张老太太就夸她精神好气色好；遇到买菜的右舍小双的妈妈就夸她篮子里的菜又新鲜又便宜；送我上学的路上碰到后院的王伯伯就夸他儿子又聪明伶俐又懂事；住在路两边的人若是到我们家开的百货店来买生活用品，母亲见到年长的就叫大娘、婶子和叔叔、大爷，见到年纪相仿的就叫姐妹、兄弟，而那些小孩们，母亲则冠以"多漂亮的小姑娘"和"多帅的小伙子"美称。结果没用多久，母亲在镇上和邻居的人缘就非常好了，生意也做得红红火火。

生活中这样的例子我们经常可以看到，通过别人的故事我们也可以获得为人处世的经验。

　　王京是一个刚刚走进职场的毕业大学生，长得仪表堂堂，气度非凡。由于刚到公司不久，和同事们还不怎么熟，有一天在办公室休息的时候，王京看着对面的女同事说："你的眼睛真大啊！你是不是割过双眼皮啊？"女同事说："哪里有啊！我天生就是这样的。"虽然是短短的几句话，可是小王用了一个间接又巧妙的赞美获得了同事的好感和认可。

　　但是生活中，懂得赞美的人越来越少了。许多人乐于孤芳自赏、夸夸其谈，活在自己营造的幻象当中；还有一些人虽然经常赞美他人，但是明显地缺乏真诚，这样的赞美就是虚伪的表现。

　　赞美别人可以净化心灵，同时让别人感到快乐，消除人与人之间的戒备和隔膜。要想让自己的男生学会赞美别人，首先父母就要善于夸奖孩子。好孩子是夸出来的，不是打出来的，也不是骂出来的。在孩子每次获得进步的时候及时地给予赞美和表扬，不仅可以起到激励的作用，还可以增强他的自信。男生的性格一般比较内敛、好强。所以很多男生不愿赞美别人的长处和优点，而这正是不自信的表现。得到了越来越多的来自父母和别人的赞美之后，男生也会变得大方，学会毫不吝啬地主动赞美他人。比方说发现同学的某个长处之后，要去真诚地发出赞美之情。所以，从现在起，努力去发现自己男孩身上的特长，少一些斥责，多一些鼓励和夸奖，增强孩子的自信心。只有这样，男生才会懂得赞美，怎样赞美以及赞美的益处。慢慢地，你会发现即使是男生也会变得热爱赞美别人。

第十六堂课

时间管理，让男孩速战速决，拿下"清华堡垒"

古人云："黑发不知勤学早，白首方悔读书迟。""少壮不努力，老大徒伤悲。"合理的时间管理，可以创造高效的价值，更加迅速地获得成功。从现在开始就让男孩知道时间的重要性，学会管理、善于管理自己的时间，争取让他们用最短的时间、最有效率的学习去迎接"进军清华的战役"，也为他们将来的人生打下坚实的基础。

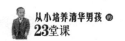
1. 让男孩也列出自己的生命清单

很多男孩都有拖沓、散漫、粗心大意的毛病，在生活中经常出现做事不认真、缺乏条理、丢三落四的情况。如何让自己的男孩与这些坏的习惯绝缘呢？解决这个问题的关键就是要让他们学会做计划，为自己的生活做好规划，不妨也让他们为自己列一张计划清单，把清华列在单上，让他们每日诵读。

很多人都不屑于去给自己的生活写一个计划，或者觉得那样太麻烦了。因此我们在身边经常可以看到很多人整天浑浑噩噩，不知道自己该做些什么，找不到生活的目标。这些人有着无穷的精力，智力也非常出众，但是他们对生活和人生没有一个具体的规划，所以我们很遗憾地看到，这些人大都十分平庸地度完了自己的一生。而但凡那些成大事者，他们从小就善于为自己的生活作出详细可行性计划，然后严格地按照自己的计划去执行，最后获得了成功。

法国作家莫泊桑从小立志成为一个作家，长大之后他为自己制定了一个人生计划，并开始了为理想努力的道路。他勤奋刻苦地读书，学习别人的写作经验，在老师福楼拜的指点下最终成为19世纪后半期法国优秀的批判现实主义作家。他创作的短篇小说结构缜密，构思独特，常常是独运匠心。小说的情节发展变化多端，描写细致精确，塑造了许多鲜明、丰满的具有一定代表性的人物形象，读后让人回味无穷。

如果没有切实可行的人生计划，莫泊桑又怎么会向梦想一步步靠近，最后获取成功呢？所以说一个好的计划就像在茫茫大海上为船舶指引方向的导航仪，它能指导人们的行动和实践，创造高效率的价值，使人在短期内获得巨大的收获。男生可以把每天要做的事情写在本子上，给自己制定一个学习计划，使生活和学习都变得富有条理性。美国的钢铁大王卡耐基就是这样，他在每天晚上睡觉之前都会记下明天要做的事，提醒自己哪些事情是非常重要，哪些是首先要做的。这样一个习惯，卡耐基保持了很长时间，这也让他做什么事情都胸有成竹，对工作中事务也了如指掌，所以根据自己的实际情况制定一个计划是非常重要的。

有这样一个故事：早在44年之前的洛杉矶郊区，一个15岁的小男孩，他没有见过任何世面，但是他在心中有很多想要实现的梦想，于是他在本子上拟了一个表格，表上列出了他的梦想清单：

到尼罗河、亚马逊河和刚果河探险；登上珠穆朗玛峰、乞力马扎罗山和麦特荷恩山；驾驶大象、骆驼、鸵鸟和野马；探访马可·波罗和亚历山大一世走过的路；主演一部像《人猿泰山》那样的电影；驾驶飞行器起飞降落；读完莎士比亚、柏拉图和亚里士多德的全部著作；谱一部乐谱；写一本书；游览全世界的每一个国家；结婚生子；参观月球……

他还把每一个目标都编了号，共有127个。当把梦想庄严地写在纸上之后，他开始有计划、有步骤地去完成它们。

16岁那年，他和父亲到了乔治亚州的奥克费诺基大沼泽和佛罗里达州的埃弗格莱兹去探险，这是他首次完成了表上的一个项目。

他按计划逐个地实现了自己的目标，49岁时，他完成了127个目标中的106个。

他就是美国人约翰·戈达德，一生之中获得了一个探险家所能享有的全部荣誉，其中包括成为英国皇家地理协会会员和纽约探险家俱乐部的成员。

美国人约翰·戈达德的故事激励了许多人，很多人希望自己有一天也

能像他一样周游全球，但是却迟迟没有行动，甚至连一个计划都没有。缺少计划的人生将没有行动力。为什么许多男生一到暑假就拼命地玩电脑、踢球，而快开学的时候又在拼命地赶作业。这就是没有给自己制定一个计划而造成的。所以，父母何不给男生立一个学习计划呢？让男生知道计划的重要性和好处。

1. 计划是实现目标的蓝图。男生都应该有个目标，而目标的实现，要脚踏实地、有步骤地完成。时间和任务的科学结合，就诞生了计划。为了实现学习目的，制订计划努力去实现它，就可以使自己离目标越来越近，使自己每一个行动都具有明确的目的性。

2. 实施计划，可以磨炼意志。有了计划，把自己的每一步行动归纳于计划之中，具有了明确的目的。俗话说：计划赶不上变化。学习和生活是千变万化的，总是会千方百计地冲击你的计划，总要千方百计地引诱你离开计划，这就是理想的计划和实际学习生活之间的矛盾。矛盾出现后，为了实现自己的学习计划，男生就要排除一切困难和干扰，尽量不使自己偏离计划。在这个斗争的过程中，男生的意志便受到了磨炼，自控能力也得到了加强。一般讲，意志品质越好，计划越容易实现，学习上的收获、进步就会与日俱增。看到这些进步，不仅心情愉快，而且可以不断增加实现计划的信心。

3. 有利于良好的学习习惯的形成。按照科学的学习计划行事，可以使男生的学习生活节奏分明，一旦形成了条件反射，什么时候睡觉，什么时候开始学习，什么时候锻炼身体，所有这些都成了自觉行动，日久天长，良好的学习习惯就形成了。

4. 减少时间的浪费，提高学习效率。由于计划的科学性，计划里要办的事，应当说都是有益的。一个有计划的男生知道他如果多玩一小时，多聊一个小时将会使计划的哪项任务完不成，而这项任务没完成又将会给整个学习带来什么影响。有了计划，每一步干什么都明确，不用白费时间去想下一步干什么，也不用为决定下一步干什么而游移不定。

"凡事预则立，不预则废"。做任何事情预先做好了计划就容易取得好的结果，反之则不然。有没有一个正确可行和适合自己的计划对男生的一生会产生深刻的影响。毫无计划的工作和学习是松垮散漫的，十分容易受到周围环境的干扰。计划本身就具有一定的预见性和针对性，包含了我们对于美好未来的期望和追求，它可以对孩子作出正确的指引，激励孩子为了达到目标而奋勇前进。另外，制定一份计划往往花不了多长时间，但是它所产生的作用却非常巨大，往往会收到令人惊奇的效果。因此，父母如果教会男生在生活和学习中学会制订计划，做任何事都善于事先规划好，那时候，他也会拿出自己的一个生命清单表给你看哦！

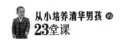

2. 学会判别事情的轻重缓急，确定目标

时间是非常有限的，而生活和工作学习中面对的事情却堆积如山，压得人喘不过气来，你的男孩是不是做事没有头绪，像一只无头的苍蝇到处乱撞呢？事有轻重缓急，学有先后难易，重要的是善于分辨，分清主次轻重，然后确定目标。

人的一生有三个不同的时期，学生的时候就应该好好学习，勤奋读书，为自己的梦想而努力；工作的时候就要不断在实践中提高自己的业务水平，增长自己的专业知识，为公司创造出更多的价值。同时学会融洽和谐地与同事和领导相处。退休之后，便可以拥有更多的时间去支配，这个时候重新拾起年轻时的爱好和兴趣，做自己喜欢做的事就成为一种享受。虽然生命的阶段不同，但是应确保每个阶段都是在做最正确和最重要的事情。

记得有这样一幅漫画：

左边是在织毛衣的母亲和女儿坐在客厅里，母亲正严厉地告诫上高中的女儿千万不要谈恋爱，不然就会考不上大学。而右边的部分还是母亲和女儿，女儿这时候已经是30多岁的研究生了，她坐在沙发上，皱着眉头，一副痛苦和不耐烦的样子。原来母亲正在催促女儿早点找对象结婚，不然就成为嫁不出去的剩女了。这幅漫画看上去很轻松幽默，对当下年轻人的生活状况做了客观真实的表现。但是从另一个侧面也说明了分辨事情的轻重缓急重要性，其实母亲的抱怨无可厚非，因为在高中时期，努力学习考大学明显要比谈恋爱更加重要，因此，学习就摆在了非常突出的位置上，而谈恋爱只能退居第二。但是当女儿已经30岁的时候，学业这时候已经没有谈恋爱、结婚重要了，因此母亲才会不断催促女儿找对象结婚。同样的事情，在不同的阶段它的轻重缓急就会不同。作为男生的父母，应该在生活中教会他分辨事情的轻重缓急，从中找出自己的目标，然后再去解决问题。

任何人都会做事，可是有的人做事就卓有成效，让人放心；有的人做事则不得要领，通常都是按部就班，没有自己的主见。做事情要讲究技巧，不然会适得其反。任何工作都有主次之分，如果不分轻重缓急地平均用力，在时间上就是一种浪费，工作的效率也不会高到哪里去。

美国伯利恒钢铁公司的总裁理查斯？舒瓦普，曾经有一段时间为自己和公司的低效率而深感忧虑，于是向效率专家艾维·李寻求帮助，希望艾维·李能卖给他一套思维方法，理查斯·舒瓦普就问艾维·李："怎样才能在短短的时间里完成更多的工作呢？我最近一直在思考这个问题，但是还是没有结果，先生您能不能向我介绍一些有效的方法啊？"

艾维·李说："好吧！其实这很容易，我十分钟就可以教你一套方法，它至少可以将你们的工作效率提高50%。把你明天必须要做的最重要的工作记下来，按重要程度编上号码。最重要的排在第一位，依此类推。早上一上班，就立即从第一项工作开始做起，一直做到完成为止。然后再用同样的方法对待第二项工作、第三项工作……直到你下班为止。这样的话，即使你花了一整天的时间才完成了第一项工作，也不要紧。只要它是最重要的工作，就坚持做下去，每一天都要这样做。在你对这套方法的价值深信不疑之后，让你公司的员工也按照和你一样的方法去做。这套方法你愿意试多久就试多久，然后给我寄张支票，并填上你认为合适的数字。"

舒瓦普认为这个思维方法非常有用，很快就填了一张25000美元的支

票给艾维·李。舒瓦普后来坚持使用艾维·李教给他的这套方法，于是几年之后，伯利恒钢铁公司从一个鲜为人知的小钢铁厂一跃成为最大的不需要外援的钢铁生产企业。舒瓦普对朋友说："我和整个团队始终坚持挑最重要的事情先做，把那些次等重要和不紧急的事情放在后面再做，这样一来，我们的效率得到了巨大的提升。我认为艾维·功不可没，这也是我公司这么多年来最有价值的一笔投资！"

正是因为按照了艾维·李教的方法去做，才使伯利恒钢铁公司获得了巨大的成功，如果舒瓦普当初没有采用艾维·李的建议，在工作中不分轻重缓急，即使多么用力，也不会提高公司的效率。所以父母应教育孩子在做任何事情的时候都要在心里分清轻重缓急，不要做无用功。

男生在成长的过程中会遇到许多事情，但是很多男生都缺少分辨事情轻重缓急的能力。比方：当男生一放学就坐在沙发上看电视，甚至连饭都不吃的时候，我们的父母要让男孩子认识到看电视和吃饭这两件事情，哪件是当前最重要和需要做的事情。为了看电视而不吃饭，不仅耽误了学习，对身体也是一种伤害。只要父母耐心地对孩子劝说和说明，他就会慢慢懂得哪些事情是重要的，哪些事情是不需要马上就做的。亨利杜赫说过：人有两种能力是千金难求的无价之宝，一是思考能力，二是分清事情的轻重缓急，并妥当处理的能力。男生学会了判别事情的轻重缓急就会确定自己的目标，知道自己下一步该去做什么。这样他就会通过提高学习和生活中的办事效率而掌控自己的生活，为自己节约时间，在以后的人生中创造更大的价值。

3. 让男孩合理安排时间

人们常常说："时间就是生命"、"时间就是金钱"。那么如何合理分配自己有限的时间就成为一个不能回避的话题。只有合理地安排时间，才会让自己更加高效地利用时间，提高学习和工作的效率，这样，即使你在备战清华，也能显得轻松自如，并且可以做到劳逸结合，有足够的空暇去放松大脑、休闲娱乐。为了让自己快乐轻松地生活，就请你合理安排自己的时间吧！

一位教育学家曾经说过，孩子不会合理安排时间，责任不在孩子，而是父母的过错。因为孩子的生活起居都是父母来照顾的，父母没有教会孩子合理安排时间的习惯，因此很多孩子只是按照自己的兴趣去做事，具有盲目和随意的特征。而家长则普遍走向了两个极端：一类是采取放任自流的粗放式教育方法，对孩子的生活习惯不管不问；另一类是孩子的时间安排全部掌握在父母手中，孩子的大事小事由父母全权代理。在我们周围经常可以看到一些孩子要不就是缺乏教育，不懂得安排自己的生活和学习；要不就是孩子完全丧失了自由，父母把他们的时间安排得满满的，这个辅导班，那个培训班，把孩子压得喘不过气。这两类教育方式都不足取，作为父母，应该首先使孩子认识到合理安排时间的重要性，逐步引导孩子学会安排时间，并善于跟孩子及时地沟通，了解孩子的想法，然后帮助孩子一起制定时间安排。那些会合理安排时间的人往往都生活得既充实又

愉快。

为了谈一笔生意，两个美国商人要去大洋彼岸出差，但是他们面临到一个现状，即使是乘坐最快的交通工具——飞机，也要一天一夜的时间才能到达目的地。

刚上飞机的时候，第一个人就开始抱怨，心里也特别烦闷，因为他实在不知道怎么打发在飞机上的这段时间。飞机起飞后，他就显得烦躁不安，一会儿发牢骚，一会儿看杂志，一会儿睡觉，一会儿上厕所，一会儿闲聊，做了这么多事情，但还是没有一件事情能让他安下心来。因此，这一天的时间显得无比漫长，对他来说度日如年。

和第一个人截然不同，第二个人是这样安排他在飞机上的时间的：先花半天的时间阅读，然后吃午餐，稍作休息，接下来花两个小时听音乐，然后花一个小时看窗外的风景，顺便思考一些问题，吃了晚餐和同事聊天，探讨一下这次出差的相关问题，最后开始闭上眼睛休息，一觉醒来飞机已经安然落地。

走出飞机，第一个人长长地吁了一口气："啊！终于到了！"

第二个人却说："想不到这么快就到了。"

故事中的两个人代表了我们生活中的许多人，我们经常可以看到一些人因为不会合理安排自己的时间，活得很盲目，做事情不是浮躁就是匆匆忙忙；而那些善于合理安排时间的人不仅生活得充实快乐，做起事来也有条不紊，从容淡定。

一个男生，由于年龄的关系，他的时间观念本身就不强，这时候如果没有得到来自父母的指引，那么他就很难会去重视时间，合理安排时间。所以要想让孩子学会合理安排时间，必须首先培养孩子珍惜时间的好习惯。

1. 让孩子正确认识时间的价值。应该注意以下几点：

（1）告诉孩子时间是最宝贵的，不要浪费时间；

（2）告诉孩子时间是一去不复返的，应该及时抓住时间；

（3）告诉孩子时间是神圣的，不要故意浪费时间，否则会受到时间的惩罚。

2. 作息有规律。在孩子的作息时间中，学习时间一定要固定下来，教师可以和家长及时沟通，引导父母规定孩子在一定的时间内进行学习。小学生的作业一般需用一个小时左右，周末的作业量会多一些。请父母应该事先与孩子商量好做作业时间、中间休息的时间，然后按规定进行。规定孩子在一定的时间内必须学习完成会使孩子具有一定的紧迫感，集中注意力，从而提高学习效率。

3. 指导孩子按照任务的轻重缓急安排学习顺序。孩子往往分不清自己要做的事情的重要程度，他们的事情往往是由父母和老师来安排的。这就是造成孩子不善于利用时间的最大原因。我们可以指导孩子每天把自己要做的事情按照重要程度和紧迫程度排列顺序，分为以下几类：第一类是重要而紧迫的事情，如考试、测验；第二类是紧迫但不重要的事情，如完成家庭作业；第三类是重要但不紧迫的事情，如提高阅读能力；第四类是既不重要也不紧迫的事情，如果时间不允许可以不做。如果孩子能够按照这个顺序来安排学习任务，可以保证把重要的事情都完成，把学习安排得井井有条。

如果孩子真的按照正确的方法，学会了合理安排时间，那么不久他就会尝到合理安排时间带给他的甜头。

现在上小学三年级的王小彬是一个人见人爱的男孩，他在班里不仅成绩优秀，和同学们的关系也处得非常融洽。在父母的教育下，王小彬很早就学会了合理安排自己的时间：每天放学之后，他都会先把老师布置的家庭作业完成之后，然后做上十分钟的数学练习题，或者听一会英语磁带。再去看一会动画片。看电视看累了就去听一会音乐。平常的时间他安排得

特别好，到了周末他也过得特别充实愉快：和小伙伴一起踢足球，既锻炼了身体，又增强了和小伙伴们之间的友谊。看到王小彬这么善于合理安排时间，父母也为他感到由衷的高兴。

德国大文豪歌德说过：合理安排时间就是节约时间。培养男生的时间管理意识，让他学会合理地安排自己的时间，不仅是学校和老师的责任，作为孩子最亲密的人，父母更要负起责任。把时间交到孩子手里，未来的人生是属于他自己的。而你，一个男孩的父母，所能做的仅仅是告诉他一些道理，培养他养成良好的习惯，教会他更多的东西。只有这样，孩子才可能拥有一个美丽人生。

第十七堂课

良好的学习习惯，走向成功的金钥匙

习惯是在潜移默化中逐渐形成的，它需要时间的积累，一旦形成就不容易改变。习惯所产生的能量是巨大的，人一旦形成了一种习惯，他的思想和行为就会不自觉按照这个习惯轨道运行。良好的习惯让人获益无穷；坏的习惯则会成为人生路上的羁绊。习惯甚至能改变一个人的性格和命运。许多教育学家纷纷表示：3岁就可以决定人的一生。3—12岁是孩子人生中一个最重要的阶段，同时也是习惯养成的关键时期。养成什么样的习惯影响到男孩的一生，良好的学习和生活习惯将有助于他们顺利地步入清华，进而获得更大的成功。

1. 早睡早起身体好

常言道：早睡早起身体好。早睡早起，对男孩的生长发育及智力的发展都具有主要影响。作为父母，一定要让男孩从小培养早睡早起的习惯，只有这样才能保证孩子的睡眠质量，把握好他们在睡眠中的生长发育契机。

很多儿科医生认为，学前年龄段的儿童最好在晚上九点左右上床睡觉，因为充足的睡眠有利于他们身心的健康发育。众所周知，孩子身高与生长激素的分泌多少有一定关系，而生长激素是在睡眠中由脑垂体分泌出来的。故生长激素分泌量和儿童睡眠质量有直接关系。睡眠充足，则生长素分泌量多，作用时效长。一般生长激素在22时到凌晨1时达到高峰，占总分泌量的20%—40%。

科学调查还发现，那些很晚才睡觉的儿童，长大后出现肥胖的可能性比较大。如3岁时睡眠不足9小时的儿童，和睡眠超过11小时的儿童，到初一时，前者肥胖率是后者的1.6倍。专家强调，"有规律的生活，能有效防止肥胖。"心理学家认为，养成早睡习惯的儿童，不参加不健康、不安全的夜生活，更有利于他们身心健康成长。专家主张，睡眠和饮食、运动都有密切关系，所以还是主要以睡眠为中心，重新安排孩子的全部日常生活。

小宝是一个快上幼儿园的小男生，可却有一个早上赖床的坏毛病，这让爸爸妈妈很是头疼。

用小宝爸爸的话说，小宝总是该睡不睡、该起不起，晚上精神百倍，早晨却十分贪睡。如果爸爸妈妈勉强把她叫醒，没睡够的小宝马上会闭着眼睛，大哭大闹："我不想起床，我还要睡觉！"

看着小宝又哭又闹的样子，爸爸妈妈心软了，只好哄孩子："睡吧睡吧，不哭不哭！"任由小宝撅着屁股、抱着被子，转身又呼呼大睡。

这么折腾了几次，爸爸妈妈还真是没辙了。

其实像小宝这样的情况在孩子中非常普遍，尤其是刚刚开始上幼儿园的孩子，就喜欢赖在被窝里不肯起来，让原本就十分紧张的清晨时光变得更加不够用。可是，早睡早起一个相辅相成的概念，要想让孩子早起就必须早点睡觉，不然就很难保证拥有良好的睡眠质量。

专家认为：很多孩子在年幼的时候，都会有作息不规律的毛病，晚上睡不着，早上又醒不来。如果不及时改正这些坏习惯，那么将会对孩子将来的幼儿园和学校生活造成不利影响。

那么造成小孩作息不规律的原因有哪些呢？

1. 晚上太贪玩不肯上床上睡觉或是白天的兴奋久久不退导致入睡很晚。

2. 家长没有早睡早起的习惯，晚上看电视、加班工作都会影响孩子的睡眠，从而导致孩子也不能按时起床。

3. 小孩子的敌对心理。父母越是采取比较强硬的手段去唤醒孩子，孩子越是赖床不起。

知道了孩子赖床不起的原因，父母就应该对症下药了。父母首先应该向孩子说明早睡早起的好处和优点。最近日本厚生劳动省的研究小组证实，与常熬夜的人相比，早睡早起的人精神压力较小，其精神健康程度明显较高。另外美国的相关研究报告也指出，宝宝睡眠不足或睡眠习惯不

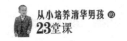
良，长大后有可能成为"问题少年"。早睡早起可以磨炼孩子的意志，有利于将来的生活和学习。

如果孩子的生活作息没有规律，父母就应该根据孩子的实际情况，重新调整孩子的作息时间，比如早一点安排孩子上床睡觉、睡觉之前通过给孩子讲故事的方式缓解他的情绪。避免睡前让孩子进行一些容易兴奋的游戏和活动。家长还可以通过给孩子设置闹钟、播放早晨起床曲等方式提示和鼓励孩子早起。如果碰见孩子因为身体方面的不适而不愿早起，父母就应该及时地把孩子送往医院，为孩子治疗。

其次，孩子没有养成早睡早起的习惯跟父母有很大的关系。因为父母的行为可以给孩子起到样板和示范作用，小孩子会不自觉地模仿父母的某些行为。如果父母没有早睡早起的习惯，经常看电视、工作到深夜，生活没有规律，那么孩子也很难早睡早起，即使父母教育孩子要早睡早起，也可能会遭到孩子的反驳："你们自己都没早睡早起，凭什么来要求我这样做啊？"所以父母应该从自身做起，为孩子树立一个良好的榜样。同时多为孩子着想，即使夜里实在有事情要做，也不要干扰到孩子的休息。要想培养孩子早睡早起的习惯，父母就应和孩子一样坚持早睡早起，谁也不允许出现例外。这样便在家庭中形成良好的环境氛围，对孩子也会起到一定的激励作用。

当孩子赖在床上不愿起床，切忌采取强硬的口气和手段逼迫孩子起床，因为这可能遭到孩子的反抗，父母越是强硬，孩子就越是怀恨在心，更加赖床不起。父母针对这种情况，可以在早晨准备香喷喷的餐点诱惑孩子早点起床吃饭，还可以钻到孩子的被窝里和他玩做迷藏的游戏，让孩子不再睡懒觉。通过这些方法可以使孩子自然醒来。

当孩子没有睡意的时候，也应该先把孩子安排上床，可以在屋子里放一些舒缓的音乐，妈妈坐在床边给孩子讲一些童话故事。父母一定要对孩子有耐心，这样才能尽快让孩子在平静的心态中睡去。慢慢地，孩子也会发现睡觉是一件非常舒心和快乐的事，逐渐养成早睡早起的好习惯。

早睡早起，重在坚持，如果不能持之以恒，父母因为一次心疼孩子就让他晚睡一会、晚起一会，久而久之也不利于孩子健康良好习惯的养成，还容易让孩子养成半途而废的坏习惯。

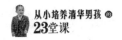

2. 不要让男孩养成拖沓懒散的习惯

拖沓懒散是一种非常坏的习惯，它将对男孩以后的工作和生活带来严重的不良影响，极易造成男孩做事拖泥带水、缺乏自信、没有动力等缺点。成功是属于那些干劲十足、积极向上、有进取心的人的。如果被拖沓懒散的习惯羁绊了双脚，怎能在奔向清华的路上不被他人超越和甩掉？怎能在人生道路上奔向更大的成功呢？

你有没有发现这种情况：你的孩子无论在学习中还是生活中，做事总是拖拖拉拉、慢慢吞吞的，喜欢避重就轻，对任何事情都提不起兴趣，而且喜欢依赖别人？如果有的话，那么一定要重视起来了，因为继续放纵这些习惯的发展，无疑将会为男生的未来蒙上一层阴影。

随着经济的发展，人们生活水平不断提高，物质生活得到了极大的改善。绝大多数孩子都是家里的独生子女，父母都是尽一切可能满足他们的需求，孩子从小就受到父母和长辈的千般宠爱，可是这种爱稍一用力就发展成为溺爱了。家长什么都顺着孩子的意愿，什么事也不让孩子做。孩子过的是一种衣来伸手、饭来张口的生活，真的堪比以前的"小皇帝"、"小公主"。久而久之，孩子就变得特别懒散，事事都依赖别人，做事情也拖拖拉拉，没有一点紧急感。在如今的家庭环境下，拖沓懒散已经成了现在孩子的一个通病。孩子学习或者做事拖沓懒散固然有孩子个性的原因，但是跟后天的教育也有很大的关系。孩子的拖沓懒散往往导致着家长的心急火燎。

　　培养孩子是大人的事，学习是孩子的事，我们不少家长把孩子所有的事都等同于自己的事。从孩子一进学校开始，事无巨细，关心备至，习惯于给孩子做主，习惯于给孩子帮忙，久而久之，孩子就形成了依赖父母的习惯。再加父母的娇惯，有的孩子你急他偏不急，还以此与家长讨价还价。学习如此，生活也是如此。很多孩子拖沓懒散的习惯实际上是家长惯出来的。

　　并不是说家长就应该不关心孩子，而是说不能什么都关心，什么都过问，什么都参与。关心、过问也有直接、间接的不同。如果不是你从孩子进学校第一天开始就一直督促和陪伴孩子做作业的话，也许孩子是不会天天要你陪着他做作业的。

　　张天成是一个男孩，也是家里唯一的孩子，父亲是做建材生意的，母亲在银行上班。父母对张天成是特别宠爱，但是因为工作的原因，就把小天成交给了奶奶照顾。奶奶更是对他关爱备至，什么事都不让他做，时间一长就造成了张天成自理能力差，喜欢依赖别人，性格懒散的毛病。上课的时候，坐在座位上，不是趴在桌子上就是东倒西歪的，反正是没有一点坐相。到了做作业的时候，如果身边没有老师在盯着，他就开始在桌子底下做游戏，等到老师回来了，才拿起笔做起来。而且每次要做课间操的时候，张天成都是最后一个走出教室，动作也慢吞吞的，好像比别人慢半拍一样；一个星期下来没有不迟到的。而且一回到家里，就躺倒在沙发上看电视，别的什么也不做。

　　一个八九岁的小男生，正是活泼好动的年龄，应该像早晨八九点钟的太阳，浑身散发着朝气和活力才对，为什么会出现这种情况呢？其实像张天成的这种情况很具有代表性，也是让家长和老师颇为头疼的。这绝不是一种个别现象，家长不必过分忧虑，一定要冷静分析孩子的问题出现在哪里。如果孩子是特别懒散，依赖感极强的话，父母就要有针对性地对孩子加以训练。父母千万不要过度宠爱孩子，这样会使他养成懒散的毛病，

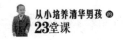

应该注重培养孩子的独立自主意识，鼓励和引导孩子做一些他所力所能及的事，比如做家务、参加社团活动等方式这些都有助于让孩子学会生活自理。这样不仅可以增强孩子对学习或生活的热情和信心，还有助于其责任感的培养。

做事情拖沓散漫则是因为孩子没有一个合理的计划，孩子对时间的重视不够，因而没有紧迫感，这时候父母就要和孩子及时沟通，协助男孩制定一个合理可行的计划表，让他在计划的时间内达到目标。计划表的内容越细致就越有规范作用，它能让孩子在规定的时间内达到目标获得喜悦和成就感。另外给孩子定闹钟也是个不错的方法，它可以提醒孩子在一定的时间内该做什么。有的男孩喜欢做作业的时候看一会电视，再看一会漫画，再吃一点零食，做作业拖拖拉拉，不能按时完成。父母可以用一些奖励的手段，比如在规定的时间内完成作业就允许他看电视了，还能得到一些奖品，这样孩子就会专注于老师所布置的作业上，他会逐渐体验到节约时间带给他的乐趣。父母和老师的积极的赞扬和鼓励也能激发孩子的学习兴趣，而恰当的奖励则会强化良好习惯的养成。

有的家长认为，孩子拖沓懒散的性格，是先天就已经决定的，你再怎么做也不可改变了。其实，这是一种十分错误的观点，甚至还带有一点宿命论的味道。诚然，性格有先天性的因素存在，但是更多的还是可以通过后天的塑造形成的。对孩子性格和习惯的改造是很有必要的，父母面对孩子的坏毛病切不可袖手旁观，一定要及时帮助孩子改正身上的坏习惯，良好的习惯将使孩子受益一生。

3. 让男孩远离恶习，健康成长

> 各种各样的恶习会贻害男孩的一生，父母一旦发现孩子已经沾染某种恶习，就应该及时矫正，让孩子远离恶习的魔爪，这样才能健健康康地成长。

青少年是国家和民族的未来与希望，他们身上承担着巨大的历史使命。孩子更是家庭的希望，家长们对孩子的成长越来越重视。但是随着社会的发展，青少年受各种恶习影响而导致的犯罪率越来越高，受到社会的普遍关注，父母们也对此深表担忧。

2004年，在日本新潟县三条市某小学教室内发生了一起6年级男生使用厨刀砍伤同年级男生的事件。

据共同社报道，这名11岁男生将一把长约22厘米的柳叶形厨刀放在背包内带到学校，并在午休时间开始行凶。12岁受害男生右腕和左手被砍伤，伤势需两周时间才可痊愈。

据悉，三条市警署已将伤人男生带回警署进行调查，但是目前还不清楚其行凶动机。

此前，日本媒体曾在6月2日报道，长崎县一名年仅11岁的小学女生，因为和同班女生在网上聊天起冲突，心生怨气，用裁纸刀割破同学的颈部，导致其失血过多而死亡。这是1989年以来的第五起小学生杀人事件。该事件震惊了整个日本，包括首相小泉纯一郎在内的政府高层人士。

据日本文部科学省调查统计，2002年日本全国公立小学发生1393起暴

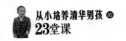

力事件，其中包括学生殴打老师等行为。在这些事件中，有1253起发生在校内，儿童之间的暴力事件有647起。

在社会新闻上经常可以看到少年伤人事件的报道，暴力恶习致使男生无意中就一步步走上了歧途。除了暴力，其他的恶习也不可小觑。男生的恶习种类较多，常见的有攻击行为、抽烟、浪费、撒谎、偷窃等等，针对上面所说的一些恶习，那么下面就简单介绍几种对男生危害比较大的恶习及其矫正方法：

1. 攻击行为的矫治。攻击行为是指个体对他人进行言语和身体的攻击。攻击行为多的男生易冲动、自控力差、情绪起伏比较大、脾气暴躁、任性固执。当孩子可能有攻击行为时，父母应早发现。早矫正。其矫治方法有：

（1）情感教育。让孩子学会换位思考，设身处地地感受被他人攻击时的心理。父母向孩子讲故事，给孩子找到可以作为榜样的人物，使孩子在日常生活中自觉抑制自己的行为。当孩子有了进步时，父母就应及时给予鼓励和表扬。

（2）培养交际能力。父母应经常教育孩子处理问题和事情的恰当的方法，而不是采用暴力方法去解决问题。这样可以促进孩子的适应社会行为，减少对他人和社会的攻击。还要培养孩子建立一种责任感，让孩子学会和别的孩子相互尊重、相互谦让，培养良好的交往技能。

（3）理性对待。父母要正确而理性地对待孩子的攻击行为，既不要过分保护和偏袒，又不要采用"以暴制暴"的方法进行管教。否则，既可使孩子产生攻击别人的合理感，加重攻击行为，又会使孩子模仿父母用同样的方法"征服"同伴。

2. 矫正抽烟。

（1）感化。父母要预先明确地告诉孩子，如果他决定抽烟，父母会感到非常痛苦和失望。孩子因为不想让父母失望和痛苦就不会去接触香烟，这比与孩子理论吸烟对健康的危害更为有效。

（2）为自己负责。要帮助孩子认识到，他们要为他们自己的行为负责。

（3）父母做出榜样。父母要为孩子做出好的榜样。如果你抽烟，那就得抛开你自己对烟的感情，并明确指出你不希望孩子抽烟。如果有亲戚抽烟，要告诉他们不要把烟给孩子。

（4）明之以理。要告诉孩子抽烟危害健康。香烟中含有大量的尼古丁，对人的身体尤其是肺部危害巨大，经常抽烟可以导致许多疾病的发生，重则危及生命。如果孩子十来岁时就开始抽烟，那他一般会形成20年的烟瘾。这将会对他的未来和身体造成更多的危害。

（5）进行干涉。父母要设法把香烟清除出孩子的生活环境。坚持送孩子到禁烟的学校上学。无论什么时候干涉，都不嫌太迟。有些孩子在7～9岁之间第一次抽烟，甚至那些已有好几年烟龄的孩子也能在父母帮助之下戒烟。

3. 戒除偷窃。造成孩子偷窃的原因多种多样。但是归纳起来不外乎这几种情况：在家庭中得不到父母足够的重视；冒险的欲望，博得朋友的承认和钦佩；缺乏分辨是非的意识等等。如果发现孩子有偷窃行为，父母可用以下办法杜绝孩子的这一恶习。

（1）父母保持冷静。孩子有偷窃行为，不要惊慌失措，通常在当场抓获对他们的惩罚就足够了。一旦发现，这种行为绝不能姑息养奸。

（2）有错必改。当孩子偷窃了别人的东西，强制孩子要为其行为向失窃者道歉。在这种情况下，最好让孩子自己单独去做，父母不要越俎代庖。

（3）赔偿损失。必须让孩子明白，他要为别人的物质损失承担责任。可让孩子做些力所能及的工作来赔偿损失，也可以从孩子的零花钱中扣除罚款，让他切身体会到受处罚的滋味。

（4）加强监督教育。父母要加强对孩子零花钱的监督。如果孩子不断

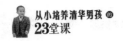

带回新的电脑游戏卡的总价值已超过他这期间的零花钱，那就一定有问题。

（5）慎重交友。要经常教育孩子，交友要慎重。让孩子避免与那些社会不良少年接触和来往，密切注意孩子的交往，经常邀请孩子的朋友到家中作客。多和孩子的老师交流，有助于发现孩子的异常行为，防患于未然。

男生一旦染上了种种恶习之后要矫正过来是很难的，需要花费更大的力气。作家柳青曾经说过："人生的道路虽然漫长，但紧要处却常常只有几步。"男生都还没有走上社会，前面的道路还很长，恶习会使男生步入歧途，甚至把他引向犯罪的道路。所以男生一定要走好每一步，只有学会分析，学会辨别，学会拒绝，才能保护自己。作为男生的监护人，父母一定要及早发现和纠正男生生活中存在的种种恶习，千万不可对男生身上的恶习采取姑息纵然的态度。只有及时帮助男生纠正身上的恶习，才能挽救孩子的心灵，免得他误入歧途。

第十八堂课

卓越的领导能力，是每个清华男孩必备的能力

　　领导能力绝非天生，它跟后天的培养和训练密不可分。在当今竞争激烈的社会，具有一定的领导能力几乎已成为一种基本能力要求。一个男孩要想取得成功，领导能力必不可少。如果你是个清华男孩，对领导能力的要求当然要更甚一步。

1. 了不起的男孩一定都合群

调查表明，合群的男孩在知识范围、语言表达、人际交往等方面均明显优于性格孤僻、不爱交往的儿童。那些不合群的男孩长大后不善于与别人合作，也将很难适应社会发展的需求。想一想，如果一个不合群的男孩子该如何在清华与同学们快乐的相处呢？

性格孤僻、不合群虽说不是什么缺陷，但却会阻碍孩子与别人的交往和对环境的适应性。长此以往，会使他与群体脱离，造成进取心不足，自卑自闭，严重影响男生的心理和身体健康。不合群的性格虽然跟先天气质有关，但是更多的还在于父母的教育和培养。如果父母采取"封闭式"的教育方法，把孩子当做温室的花朵，因为害怕孩子会受到欺负或不良影响而阻止他与人交往，孩子将变得难于和别人相处。

入学之后的男生，因为不合群，往往很难与别的小伙伴结识，别的小朋友也不愿意与不合群的男生交往。而且不合群的男生跟别人相处也往往不会相安无事，常会出现争吵打架的现象，造成男生在群体中孤立被动的局面。

有这样一位妈妈，她向我们描述了她的困惑：她有一个四岁多的小孩，由于环境的原因，小孩子很不合群，不喜欢交朋友，经常自己一个人玩。见了陌生人就害怕地跑到妈妈的身后躲起来，别人和他说话，他也低着头沉默不语。上了幼儿园却不一样，爱欺负别的小孩，所有人都躲着他，不愿意和他做游戏。虽然小孩子十分倔强，但是可以看出来他还是很孤独。这位妈妈不知道该怎么办才能改变孩子不合群的性格。

其实，造成男生不合群的原因很多，一方面来自自身的先天气质，另一方面跟家庭环境、父母的教育也有重要关系。由于很多父母缺乏教育孩子的经验和自信，在教育孩子的时候往往比较直接、严厉，这样会使孩子产生畏惧心理，一旦与陌生人接近，孩子就会显得不合群。面对这种情况，父母就应该放松心态，用一种和蔼、亲切、平等的态度与孩子交流，消除孩子的畏惧心理。这样孩子才会胆子大起来，敢于和乐于同别人交往。另外家庭的气氛和环境也会在心理上对孩子造成影响。如果父母之间总是处在敌对争吵的状态下，家庭的气氛比较紧张，那么会在孩子的心里留下阴影，同样不利于其走出孤僻不合群的世界。

很多孩子从小就受到家人无微不至的关照和爱护，他们提出的任何要求父母都想方设法地去满足，在家里的地位实属众星拱月，无任何约束和挫折可言。但是孩子一旦进了托儿所或幼儿园，他所处的地位就截然不同了。没有像家里那样父母给予的特殊待遇，处处受到约束，还要去做他原本不会或不愿做的事，于是产生种种困惑和恐慌，只有待在家里才会觉得安全和满足。有的男生平时被父母关在家里独居室内，很少外出，几乎没有机会与小伙伴交往，他们只习惯自己玩耍或与家人玩。一旦与别的孩子在一起就表现得胆怯和无所适从。

要想培养男生合群的性格，父母应该首先从自己身上找原因，只有这样才能帮助孩子走出不合群的怪圈。

第一，父母要多抽出时间和孩子相处，多和孩子做心理交流，父母可利用周末的时间带孩子一起去公园、博物馆等一些公共场所去玩耍和参观，培养和孩子亲密良好的关系。父母还可以经常带孩子去朋友家里做客，让孩子多见见陌生人，这样不仅培养孩子适应环境的能力，还可以让孩子学会礼貌待人。

第二，父母要鼓励孩子出去和别人交朋友，培养孩子在生活中的交往

能力，让孩子通过和小伙伴做游戏的方式锻炼他与别人的合作交流能力，孩子逐渐地就会融入到集体中去。

第三，父母可以有意识地去让孩子独立自主地完成某事，比如让孩子自己去上学、买文具、找朋友玩。没有父母在身边，一切都要靠孩子自己在与别人的交往中才能完成。孩子经常这样也就不再会产生社交恐惧，相反还会在交往中体会到快乐和满足，便越来越习惯与人交往。

第四，多让孩子参加体育活动。体育是一种人与人正面接触的群体活动，它不仅需要智慧也需要胆量，而胆量是与人交往必需的。多参加体育活动不仅可以帮助孩子锻炼身体，还可以克服孩子怕生的心理障碍，提高交际能力。

人是社会中的一员，任何人都不能脱离社会而独立存在，谁都有同别人进行精神和情感交流的需求。不合群的人是孤独的，也不会获得快乐的。只有把孩子培养成合群的人，他才会懂得分享，收获快乐。

2. 培养男孩的大局观

"大局"是围棋中的一个术语。大局观是指棋手对全局形势的分析和观察能力。在做任何事情的时候，都要从大局的角度去考虑，正确处理个人与集体之间的关系。大学校园的生活和学习都是集体模式的，如果事事只考虑自己，不考虑别人和集体，那这样的男孩怎能受到欢迎呢？

具有大局观的人，通常善于审时度势，能从整体中、联系中认识和处理问题。我们生活中那些成就卓著的人大都具有良好的大局观，能够纵观全局去观察问题、分析问题。

大局观简单说就是集体合作精神。在现代社会，一个人的能力是十分有限的，许多事都不是凭借一己之力就可以完成的，因此就要依靠集体的力量去完成。每个人都生活在各种各样的集体中，集体由许多个性鲜明、独特的成员组合而成。集体就像一个大花园汇聚了各种各样漂亮的花朵百花齐放、争芳斗艳。集体收集了每个人的智慧和力量，就像广阔无垠的大海，而个人只是海里的一朵浪花。集体中的每个孩子都应该具有集体意识。

如果你的男生自我意识较强，常常以自我为中心，心中没有他人，没有集体，缺乏大局观，那么他不仅无法得到别人的热爱和欢迎，还会受到周围人的孤立和冷落，最终被他人、集体和社会所抛弃。有的家长担心，太注重团队了，会不会削弱孩子的个性。团队精神不抑制个性张扬，个性

可以与团队的行动一致，只要有整体意识、全局观念，考虑团队的需要，同样可以得到个性发展和张扬的机会。集体要求每个成员的行为都要符合集体的规范，个人不能随意地践踏集体准则，否则就会遭到处罚。个人应该热爱集体，服从集体，有时候为了大局甚至要牺牲一点个人的利益。只有热爱集体的男生，他才会热爱家庭，热爱社会，热爱国家。

如何培养男生的集体意识，帮他树立大局观呢？

1. 培养男生的集体意识，首先让孩子懂得自己生活在一个集体之中（如家庭，就是一个集体，班级、学校也是集体），自己有很多权利，同时，又有服从集体的义务。此外，还要让孩子懂得自己的利益和集体的利益是统一的，自己的利益和集体的利益互为前提，损害了集体的利益也就损害了自己的利益。如果孩子对这些大道理听不懂，父母可以把这些道理跟孩子的生活结合起来，让他们从实际生活中，从身边无数的小事中领会到这些道理。例如，当孩子与家人一起吃饭时，可以使他们感受到全家人相聚的欢乐。孩子在家里是自由和平等的，但是也有一些义务，比如尊敬长辈，尽自己所能做一些家务劳动。

2. 注重父母与孩子之间的沟通。在日常的家庭生活中，遇事要主动询问孩子的意见，让孩子意识到自己并没有被轻视，自己是家庭这个集体中不可或缺的一员，他虽然年龄小，但是和父母都是平等的，他有责任也有权利为家庭做出贡献。家长要耐心仔细听取孩子的意见，既要满足孩子正当的要求，也要引导孩子懂得：在做出任何决定时，不能只考虑个人的利益，更要兼顾到集体的利益和集体中其他成员的利益，从而培养孩子一点一滴的集体意识。通过家庭成员之间的沟通，父母会发现孩子并不像你想象的那么自私、自我中心主义，他们同样有着强烈的主观感受和无穷的创造力。当然，沟通主要是为了交换彼此的看法，形成一种平等和合作的氛围，增强孩子同他人的合作能力，父母并不一定全部要按孩子的想法去做。

3. 一个具备家庭集体意识的孩子，以后也能很快地适应其他的集体生活，迅速地融入到集体的怀抱中去。当孩子在我们的引导下，能做到心中有他人了，处处从大局和集体的角度考虑问题，我们就要开始鼓励孩子积极参与伙伴群体交往，这样有利于培养孩子的协作精神和发展合作能力，即使孩子迈向社会也会受到大家的欢迎。

4. 在孩子具备了一定的集体意识后，家长还可趁热打铁地把这种集体意识引导到孩子的学校集体生活中。在日常的生活中，家长可在不经意中了解孩子在学校集体中发生的一些事情，鼓励孩子对这些事发表意见，激发他们参与集体事务的兴趣，更可与家长交流对这些事情的看法，从而在交流中引导孩子在处理事情时（尤其是与他人的矛盾），学会从集体角度出发、从他人角度出发。对于班集体所布置的任务，如果孩子有需要的地方，家长应热心地协助孩子一起完成；对于一些集体活动尤其是体育活动，家长更应鼓励孩子积极参与，从而培养孩子的集体主人翁意识。

集体是一个载体和平台，它为每个人的发展提供了机会，有利于大家才华的展示，良好的集体意识有助于男生自身的发展。每个男生都生活在家庭、学校、社会这样的集体中，只有考虑大局，具备强烈的集体意识，才能得到集体的关爱和支持，为人生的发展提供机会。当然，培养男生的大局观和集体意识，不仅仅是家长的责任，更需要老师、学校和社会的共同配合，共同教育，只有多管齐下才能逐渐培养出男生的集体意识和大局观念，使之形成健全的人格。

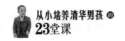

$\mathcal{S}$. 锻炼男孩独立解决问题的能力

男孩在一天天长大，可是很多事情没有了父母的帮助，他们会表现得手足无措。你是否还在为此操心？学习和生活不能一直依靠父母和老师，从现在开始，锻炼他们独立解决问题的能力，让他们学会独立自主地生活。试想一个清华男孩，如果没有生活自理能力，岂不被人当成笑柄？

独立解决问题的能力对孩子的发展至关重要，也是孩子成长的一个基本标志。孩子缺乏独立解决问题的能力，将很难适应生存竞争激烈的现代社会。孩子是自己人生的主人，未来的路途是漫长的，如果一遇到事情就束手无策，不能独立解决，那么这样的家庭教育是失败的。但是在我们的生活中，这样的例子却不在少数。因此，锻炼孩子独立解决问题的能力已经迫在眉睫。

《曹冲称象》的故事很多人都知道。有一天孙权送给曹操一头大象，文武百官都前来观看，大家从来没有见过大象，面对眼前这样一个庞然大物，大家十分惊讶。曹操突然问手下的官员说有谁知道大象的重量啊，官员们议论纷纷，想来许多办法，但是都不可行，这时候曹操的儿子曹冲才五六岁，便自告奋勇地表示自己有办法称出大象的重量。大家都不以为然，一个小孩子哪里有办法知道大象的重量啊！曹冲让人把大象牵到河上一艘船上，船身开始下沉，他就在船舷上齐水面的地方刻了一道道记号，然后牵出来大象。他又命人往船上装石头，等船身沉到刚才刻的那条道道和水面一样齐了就停止装石头，称出石头的重量就是大象的重量。

这个故事充分反映了曹冲的聪明和智慧，并且小小年纪就展现出很强的独立解决问题的能力，令人敬佩。可是在现实生活中我们的孩子独立解决问题的能力极度缺少，让家长们深为忧虑。

阿毛已经是一个将近五岁小男孩了，去年就上了幼儿园，可是有许多事情阿毛还要靠妈妈的帮助。早上起来，妈妈让阿毛自己学穿衣服，可是他怎么也穿不上，而之前妈妈已经教了他好几次。有时候上厕所还要妈妈陪着。反正事事都要大人陪在身边才行。有一次吃饭的时候，阿毛不小心把刚刚端在手里的饭碗摔在地上打破了，他站在原地一动不动，只是低着头默默地注视着地上的米饭和摔碎的饭碗，直到妈妈来了，阿毛也未表现出任何的举动。

阿毛已经五岁了，按说已经拥有了一定的生活自理能力，可是面对许多事情的时候为什么还会无所适从，一筹莫展呢？之所以出现这些问题，相当一部分原因出在父母的家庭教育上。现在的家庭多数是独生子女家庭，爸爸妈妈、爷爷奶奶就围着孩子一个人转。什么事情都替孩子做好了，孩子原本稍学习就可以具备的能力却没有机会掌握。慢慢地孩子独立思考、独立解决问题的能力也逐渐退化，遇到问题就显得一筹莫展，事事都要依赖别人帮助才能完成。这样的孩子即使在进入社会后，也会处处碰壁，遇到比别人更多的挫折和困难。

欧美国家的教育方式对我们是一种启示，他们崇尚"个人奋斗"的精神，从小就注重培养孩子的独立自主意识，只要在孩子的能力范围内可以解决的事情，就鼓励孩子自己去完成。因此外国孩子的独立解决问题的能力明显要高于我们。

父母要想培养孩子的独立解决问题的能力，可以从以下几点做起：

1. 父母要对孩子有信心，相信孩子一定能够做到。父母要放开手脚，鼓励孩子大胆尝试。有很多父母很胆小，总是担心孩子会受到伤害，因而

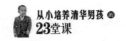
许多事情都替孩子做了。孩子的锻炼机会被父母掠夺了，这就无意扼杀了孩子独立解决问题的能力。在日常生活中，父母应该学会做一个"旁观者"，放手让孩子自己去做，即使失败了，对孩子来说也是有益的经验。渐渐地，孩子才会独立思考，勇于实践，增强解决问题的能力。

2. 父母学会向孩子寻求帮助。父母可以故意设置一些疑难问题，然后寻求孩子的帮助。这样做的目的也是多找一些机会锻炼孩子。比如父母装病让孩子打电话给医院或者去买药，自己在暗中观察孩子的一系列活动，孩子这时候就会想办法独立解决难题，自然而然，能力就得到了提高。父母应懂得只有给孩子提供机会，他才会慢慢长大。

3. 及时的夸奖和鼓励。孩子看待世界和解决问题的方式和成人有很大的不同，对孩子每一次取得的小小的进步，父母都要作出及时的回应，孩子希望得到来自父母的夸奖和鼓励，这会促使他更加积极地面对和解决问题。

独立解决问题的能力不仅是时代的要求，也是社会发展的要求，一个缺乏独立性的男生将来是无法适应现代化社会需求的。因为，今天的幼儿长大后将面对的是：社会变化日新月异，科技发展迅猛，各种竞争残酷激烈。他们需要具备独立思考、判断、选择解决问题的能力，否则将难以生存和发展。国际21世纪教育委员会面对瞬息万变的未来世界，向联合国教科文组织提交的报告中提出了教育的"四个支柱"，即学会认知、学会做事、学会生活、学会生存。而其中任何一个"学会"都离不开主体的独立性。父母都希望孩子成为有能力的人，只有让孩子拥有独立解决问题的能力，孩子未来在面对社会的时候才会更有自信去迎接挑战。未来的人生属于孩子自己，人生的道路要靠他们去走，美好的生活要靠他们去创造。我们的父母们，大胆地放开双手，让孩子学会独立自主地成长，孩子只有拥有羽翼丰满，才能搏击长空，创造属于他们的未来。

第十九堂课

学会理财，让男孩轻松读清华，成功走社会

随着人们生活水平的逐步提高，男孩得到的零用钱和压岁钱也越来越多了。如果不加节制地乱消费，容易养成他们花钱大手大脚的习惯。培养男孩的理财意识，可以让自己的男孩在学校轻松自如地学习和生活，不会出现"寅吃卯粮"、"青黄不接"的现象，同时可以帮助他们树立正确的金钱观、财富观，为人生的成功奠定基础。

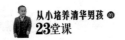
1. 告诉男孩钱是怎么来的

> 男孩对钱的最初概念就是可以换来好多商品，但是钱是怎么来的，他们并不太关心。一味地满足孩子的欲望会造成他索取无度，不珍惜劳动成果的严重后果。告诉你的儿子，钱是怎么来的，让其学会节约，学会珍惜，学会感恩。

我们每个成人都知道金钱的重要性，在生活中处处离不开金钱。有一句名言这样说：钱不是万能的，但是没有钱是万万不能的。但是作为小孩子，对金钱的认识就不会那么深刻，更不知道金钱是怎么来的。许多父母的思想还停留在很传统落后的层面上，认为从小就对孩子进行金钱教育未免有点铜臭味，容易使孩子财迷心窍，被金钱腐蚀了幼小纯洁的心灵。但是如果不及早对孩子进行必要的金钱教育，那么孩子很难树立正确的金钱观念，认为金钱来得非常容易。孩子一味地向父母索取，父母一味地满足。这样孩子根本就不关心钱是怎么来，而只是关心钱该怎么花，花在哪里。这类孩子长大之后不仅会缺乏赚钱的能力，还会养成好逸恶劳，只知索取不知回报，没有感恩心的恶习。所以及早告诉孩子钱是怎么来的，帮助孩子树立正确的金钱观念非常必要。

张小鹏要上幼儿园了，爸爸妈妈为了培养他的理财意识，决定带他一起去幼儿园交学费。在交学费的路上，张小鹏像很多小朋友一样，他歪着脑袋问父母："为什么要把这么多钱交给幼儿园呢？"

爸爸妈妈于是顺着问题告诉他："这些钱主要是用于支付幼儿园教师

的工资，还用来买玩具、学习用品、买饮料、水果，这些钱还会给小朋友修建玩耍的场所。"

"那这些钱你们是从哪里来的啊？"

"这些钱是我们工作得来的啊！爸爸妈妈就跟幼儿园的老师一样，只有通过工作才能获取金钱。"

这虽然只是交学费路上的一段简单对话，父母却可以让幼小的孩子明白了这样两个重要的问题：一是钱是用来干什么的；二是钱是怎么来的。

钱是怎么来的？各个父母有不同的回答。有的父母会说："钱是单位发的。"这样的回答只是揭示了一个表面现象，并没有从根本上使孩子知道钱究竟是怎么来的。还有的父母会说："钱是从兜里变出来的。"这样的回答虽然很幽默，但是同样不可取，因为听到这样的回答，孩子的心里就会形成钱来得很容易的概念，孩子想买什么东西的时候，只要父母变一点给他就行了。造成这样的认知错觉之后，孩子就会养成一味地索取，总想着不劳而获，不懂得节约和珍惜利用金钱，更不会产生对父母的感恩之情。

一次，家里遭遇了严重的盗窃，财产几乎损失精光。就在我和孩子的爸爸一筹莫展、悲观绝望的时候，儿子却好像什么也没发生似的走到我面前，平静地对我说："妈，明天是我班上一哥们的生日，他和我关系特好，给我500块钱，我要请他到卡拉OK包厢过生日。"

儿子的话，使我惊愕万分。区区一个八九岁小孩，竟然要拿这么多钱给同学包包厢过生日？儿子的消费观念，令我担忧。我说："儿子，咱家最近出了意外，你是知道的，妈妈哪有钱给你请同学过生日？再说，同学过生日，你为何非要请他到那种场所消费？"儿子不以为然："我知道咱家最近没钱，可500块总拿得出吧。再说，请他过生日，我是想让别的同学看看，我哥们多酷多帅。"

听着儿子理直气壮地回答，我只有哀叹不已！

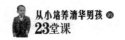

面对家庭发生这样的灾难，儿子不仅无动于衷、充耳不闻，而且还理直气壮地跟母亲要钱去消费。想必故事中的这位母亲此时一定悔恨不已，后悔自己之前的过度地给予，后悔自己之前没有及时对孩子进行必要的金钱教育。

在我们的生活中，类似于这位母亲的遭遇也不少见，像这样爱慕虚荣，挥霍金钱，不懂父母苦衷的孩子也很普遍。孩子之所以形成今天的消费习惯，其根本原因就在于父母对孩子的无限地给予，把孩子宠坏了，父母也没有及时向孩子阐释金钱的来之不易。因为不知道金钱的获取是要靠大量辛苦的劳动才能获取，所以许多孩子随意挥霍，不知节约。因为不清楚父母为支撑家庭而承受的痛苦和压力，许多孩子不能体谅父母，不能理解父母的殷切期望。因为没体会到生活的艰辛和残酷，没看到千千万万比自己更苦的人，所以许多孩子很麻木，身在福中不知福，不懂得珍惜眼前来之不易的幸福生活。

每一分钱都是父母通过辛苦的劳动才换来的，孩子不能深刻地理解这一点，那么他就不会珍惜眼前的幸福生活，也不清楚父母为了家庭和自己承担着多少压力，更不会感激父母的谆谆教诲和养育之恩。金钱是怎么来的，一定要让孩子了解，金钱不是单位轻易就给发的，也不是从口父母袋里变出来的。金钱不是随随便便就可以获得的，金钱的背后隐藏了孩子看不到的劳动和汗水。只有父母主动告诉孩子，他才会对金钱有一个正确的认识，学会珍惜和节约手里的每一分钱，更能学会感恩。

2. 告诉男孩，想花钱自己挣

"要花钱，自己挣"不仅是一种金钱教育，更是对男孩人格、责任的教育。父母向男孩灌输这种思想，可以培养他们的独立自主、自力更生的精神，因为这是每一位男孩在以后的人生道路上必需的一种能力。

随着生活物质的提高，每位家长都对孩子宠爱有加，尤其是生活在城市里的孩子，更不知道吃苦的滋味，他们都是在"蜜罐"长大的一代，上学校一定要上重点的，穿衣服要名牌的，吃饭要吃高标准的，好逸恶劳、不能吃苦的性格就这样养成了。而那些生活在农村的孩子从小就养成了吃苦耐劳的性格，每天放学之后除了完成老师布置的作业之外，还要帮助父母做农活、干家务。更有的孩子早早地就走上社会谋生，这些孩子更早更深刻地懂得了生活的艰苦和挣钱的不易。面对养尊处优的孩子，我们做父母的往往只重视文化教育，而忽视了对他们进行必要的吃苦训练。殊不知，吃苦也是素质教育的重要一环。男生一没钱了就伸手向父母要，父母就像给他开设的银行，随时随地地索取。没吃过苦，没靠自己的双手挣过钱，哪里知道钱的来之不易啊！我们经常看到或听到许多的富豪虽然已经很有钱了，但是对下一代的吃苦教育却从来不敢松懈。

美国的"石油大王"约翰.戴维森.洛克菲勒，小时候，父母对他的家教就很严格。靠给父亲做"雇工"挣点零花钱，他清晨便到农场干农活，有时候割草，有时帮母亲挤牛奶。他准备了一个专用于记账的小本子，把自

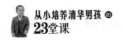

己的工作量化后，按每小时0.37美元记在账本上，每天工作结束后与父亲进行结算。这件事他做得很认真，也很严肃，他感到既神圣又趣味无穷。更有意味的是，洛克菲勒的这个习惯还传承给了后代。洛克菲勒的第二代、第三代乃至第四代，都严格照此办理，并定期接受检查，否则，谁也别想免费得到一分钱的费用。

洛克菲勒这样做并非家中一贫如洗，谁都知道他是一个鼎鼎有名的富翁，也不是他有意苛待孩子，而是为了刻意培养孩子从小养成勤劳节俭的美德和艰苦自立的品格。那小账本上记载的不但是孩子打工卖力的流水账，更是孩子接受磨难和考验的经历！

其实，在很多发达国家，对待在校学习的孩子，要求也是非常"刻薄"的。在瑞士，父母为了不让孩子长大之后成为无能之辈，从小就培养孩子自食其力的精神。例如，对十六、七岁的姑娘，从初中一毕业就送到一家有教养的人家去当一年女佣人或家庭教师，上午劳动，下午上学。这样做，一方面锻炼了她的劳动能力，另一方面还有利于语言的学习，因为瑞士既有讲德语的地区，也有讲法语的地区，所以这个语言地区的姑娘通常到另外一个语言地区当佣人。这样一举两得，能够使孩子学到更多的东西。美国人一贯教育孩子自主自立，七八岁的小孩就成了"小生意人"，出售他们的"商品"挣钱零用。在美国中学生中有个口号："要花钱，自己挣。"每逢假期，他们就从学生变成了打工者，学习自食其力。他们通过自己的劳动实践，更加深刻地理解到了金钱的价值和含义。

苦难是人生的财富，"吃得苦中苦，方为人上人"。我们中国人历来讲究"自力更生"、"艰苦奋斗"，这是我们一直倡导的传统美德。可是我们的父母却把自己的孩子当成温室里的花朵来对待，生怕孩子吃哪怕一点苦。孩子在父母的溺爱下娇生惯养，遇到一点困难就叫苦喊累。父母缺少的就是实施吃苦教育的勇气。

愈来愈激烈的社会竞争，不仅仅是智力和知识的较量，更多的是意志和毅力的比拼。没有坚强的意志和吃苦的精神，怎能让孩子在日益残酷的竞争中脱颖而出呢？培养孩子学会吃苦，学会自力更生的能力，更有助于他的成长。

在我们的邻国日本，有这样一句教育孩子名言："除了阳光和空气是大自然赐予的，其他一切都要通过劳动获得。"因此，许多日本学生利用课余时间，都要去外边参加各种劳动挣钱。尤其在大学生中，勤工俭学的现象非常普遍，即使那些有钱人家的子弟也不例外。他们靠在饭店端盘子、洗碗，在商店售货，在养老院照顾老人，做家庭教师等来赚自己的学费。日本孩子很小的时候，父母就给他们灌输一种思想："不给别人添麻烦"。全家人外出旅行，不论多么小的孩子都要无一例外地背上一个小背包。别人问为什么，父母说："他们自己的东西，应该自己来背。"

富人家的孩子比穷人家的孩子更不容易教育，因为富人家的孩子从小就生活在安乐窝里，衣食无忧，他们想要什么父母都会尽最大可能满足他的要求，他们由于从小就过惯了舒适安逸的生活，没有吃苦的经历，不通过劳动换取金钱，他就很难理解金钱的来之不易。男生将来成人之后要走向社会并组成家庭，需要承担更多的责任，没有吃苦的精神和能力，遇到一点点艰难和挫折就躲避、退缩，不仅缺乏男子气概，更难担当男人应该承担的责任。"要花钱，自己挣"，父母经常向男生灌输这种思想，可以促使他学会独立自主地生活，心智也会更早地成熟，只有这样你的孩子才有可能成为顶天立地的男子汉。

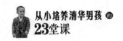

3. 让男孩具备投资理财意识

巴菲特说过：开始存钱并及早投资，这是最值得养成的好习惯。所以父母不但要引导男孩养成储蓄的习惯，更要培养他们有投资理财意识。

最近有句流行语：你不理财，财不理你。的确，如果拥有很多的财富但不善于打理，那么财富很可能会越来越少。

胡适先生是我国现代著名的学者、思想家、教育家。他的一生始终处于社会的上级阶层，在步入中年之前，一直收入丰厚。1917年胡适从美国留学回国，27岁的他被聘为北京大学的教授，可谓名满京华，风流偶傥。当时他的月薪是280银元。那时一银元相当于现在的人民币40多元，月薪合人民币11200元。除了薪水，他还有版税和稿酬，这些版税和稿酬也会给他带来不错的收入。1931年，胡适从上海回到北大，任文学院的院长，月薪600银元。当时他著作更多，版税、稿酬更加丰厚。据估算，每月收入1500银元。那时一银元约合现在的人民币30多元，月收入相当于现在人民币45000元，年收入达到50多万元。他家住房十分宽敞，雇有6个用人，生活富裕。但胡适不注重理财，经常吃干花净，也借给别人很多钱，长期没有积蓄。在1937年抗日战争爆发时，也就是胡适步入中年以后，他的经济生活开始拮据起来，且持续一生。

进入暮年，胡适每次生病住院医药费都会频频告急，因此胡适总是坚持提前出院。晚年的胡适生活并不舒适，他曾多次告诫身边的工作人员："年轻时，要注意多留点积蓄。"这句话是多么发人深省啊！

随着时代的发展，越来越多的家庭已经开始认识到理财的重要性，培养儿童的理财能力已引起了许多父母的注意。孩子的理财教育宜尽早开始，理财理财专家认为，一般6到12岁是儿童人格发育的重要阶段，这个时期，孩子的价值观正在逐渐形成，理财观念的培养正当其时。在这段时期，体验式的理财教育会让孩子印象深刻，并需要让孩子在生活细节上潜移默化受到理财教育，比如养成定期记账、存钱的好习惯。家长可以为孩子办理一张借记卡，让孩子定期存钱，告诉他们利息的概念，并将银行储蓄的方法、种类、利率等知识逐渐教授给孩子。

此外，专家还建议，父母可适当让孩子介入家庭的财务计划和开支，还可以为孩子开设一个独立的银行账户，有助于增强他对"自己的账户"的责任感。

父母也可适当培养孩子的投资意识。但是就目前而言，大多数国人仍以较为保守的银行储蓄作为个人财产保值、增值的主要途径和手段，不能树立正确的个人风险投资意识（即风险与收益成正比，风险越高收益越大）。仍然墨守成规、裹足不前，不敢投身于个人风险投资领域。

而社会是在飞速发展和前进的，历史的脚步已经迈进了崭新的二十一世纪，人们已经进入了一个个人理财投资的新时代，观念的陈旧及个人理财投资方式的落后，将导致个人财富的贫乏与落后。但是随着全民投资意识的觉醒，大家明白原来投资也是非常重要的。据调查，有百分之二十五的家庭开始培养孩子的投资意识。在欧美等发达国家和地区，理财教育普遍被认为是家庭教育中不可或缺的一部分，而且宜早不宜迟。西方家长的做法通常是教育孩子管理好自己的资金，培育经济意识；引导孩子积极参与市场投资，培养风险意识。也有家长赠送股票或债券，作为孩子的生日礼物，培养投资意识。因此，我们的家长应当做的是：让孩子从小树立正确的个人理财观念，增强个人理财意识及个人风险投资意识，提高孩子的个

人理财技能。在勤俭持家的基础上，学会赚更多财富的本领。

美国纽约有一位中学教师，名叫格蕾迪斯·格雷厄姆，作为两个孩子的母亲，无论是圣诞节还是孩子的生日，她总是把股票当做节日礼物赠送给孩子们，孩子们因此逐渐学会了投资。迄今，她的儿女们通过这份特殊的礼物，各自的账户已经膨胀到1万美元左右。这位普通的中学教师的观点是，这样做不仅能为孩子们积累上大学的费用，同时也给他们灌输了金融、经济知识。她说："现在我的孩子们已经养成一种习惯，每当得到现金或者支票的礼物时，他们就会立即将它们转入股票账户。"

事实上，在美国，将股票、债券、共同基金当做礼物送给孩子已是一种较为普遍的现象。而在中国，压岁钱是孩子一年中获取的最大的一笔"收入"，这笔凝聚着长辈希望与寄托的压岁钱，是遵照传统习惯给新钞。变压岁钱为具有升值或收藏意义的物品，从小培养孩子的投资意识与观念，不妨从某一经济概念或兴趣开始。比如股票、债券、投资基金、邮票、纪念币、字画等。这些可用于投资或收藏的物品中，通过家庭教育与引导，帮助孩子熟悉了解相关的常识，培养某种兴趣与爱好。

在现代经济社会，投资理财是每个社会成员不得不面对的问题，只有具备投资理财意识才能在以后的财富路上获取成功。男生的年龄还小，还没有真正走向社会，及早地树立投资理财意识可以提升男生的财商，有助于男生将来获取更多财富。只有拥有一定的财富才有可能获得美好的生活、幸福的人生，才能迈向更加广阔的天地。培养男生的投资理财意识，父母一定要主动加以引导和帮助，因为男生还小，对投资理财方面的专业知识比较匮乏，只有通过父母的耐心讲解和阐述，孩子才会明白何为投资理财以及投资理财的重要性，使男生的经济行为更有理性，为男生将来拥有一个美好生活奠定基础。

第二十堂课

一定要让清华男孩知道的自救知识

　　安全教育，一直是个沉重话题。无数血淋淋的事实警示我们：当孩子在面对灾难和生命危险的时候，具备一些自救知识很可能就会获得第二次生命。所以掌握必备的自救知识非常重要。这对准备步入清华或其他大学校门的男孩来说更为重要，因为他们即将离开父母的怀抱，独立在校园学习和生活。

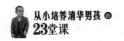
1. 发生火灾怎样自救

在各种灾难中，火灾是最经常、最普遍地威胁公众生命安全和人类社会发展的主要灾难之一，火灾不仅会给人类造成巨大财产的损失，而且还直接或间接危害人的生命。每年被火灾夺去生命的儿童不计其数。对于在大学校园生活的孩子们，注意消除火灾隐患，预防火灾发生和懂得逃生自救是人人必备的常识。

火灾是我们经常看到的灾难之一，它发生的频率相比较其他的灾害明显要高。火灾的形成不需要很长的时间，往往在几分钟之内就能变成汪洋的火海，无论对人类的生命还是个人财产都会造成重大的损失。

2003年深夜，俄罗斯莫斯科友谊大学发生了一场突如其来的大火，大火在短短的3个小时内就将一幢5层的大楼吞噬，导致44人死亡，近200人受伤，其中57人伤势严重。在死伤者中，大多是来自中国、越南、孟加拉和一些非洲国家的留学生。在火灾发生的时候，3位中国留学生起初也往楼下逃生，但是唯一的楼梯通道已被烟火弥漫而无法通过，于是退回了宿舍。在这千钧一发之际，有1位留学生想到电影里自救的场景，急中生智，把床单、被罩撕成宽布条结成绳，然后3个人先后顺着布绳从窗口滑下，终于逃离火海，自救成功。生活中每个人都在祈求平安，但是天有不测风云，人有旦夕祸福，因此懂得一点火灾自救的知识，万一在火灾来临的时候，对于保护自己的生命安全是多么重要啊！那么发生火灾的时候男生应该怎样自救呢?

1. 熟悉环境,牢记出口

当男生处在陌生的环境时,为了自身安全,务必让孩子多留心疏散通道、安全出口及楼梯方位等,以便在关键时刻能尽快逃离火灾现场。

2. 通道出口,畅通无阻

楼梯、通道、安全出口等是火灾发生时最重要的逃生之路,应保证畅通无阻,以便紧急时能安全迅速地通过。父母在平常的生活中要教会男生正确识别安全警示标志,在火灾发生的时候及时从安全出口逃生。

3. 扑灭小火,惠及他人

当发生火灾时,如果火势并不大,且尚未对人造成很大威胁时,当周围有足够的消防器材,如灭火器、消火栓等,男生应该奋力将小火控制、扑灭;千万不要惊慌失措地乱叫乱窜,置小火于不顾而酿成大灾。

4. 保持镇静,明辨方向,迅速撤离

火灾来临的时候,面对滚滚浓烟和熊熊烈火,男生要强令自己保持镇静,才能迅速准确判断危险地点和安全地点,决定逃生的办法,尽快撤离险地。男生在学校和其他公共场所,千万不要盲目地拥挤,一定要在老师和安保人员的带领下,有序快速地离开。撤离时要注意,朝明亮处或外面空旷地方跑,要尽量往楼层下面跑,若通道已被烟火封阻,则应背向烟火方向离开,通过阳台、气窗、天台等往室外逃生。

5. 不入险地,不贪财物

在火灾中,生命比任何东西都要重要。身处险境,应尽快撤离,不要因害羞或顾及贵重物品,而把宝贵的逃生时间浪费在穿衣或寻找、搬离贵重物品上。已经逃离险境的人员,切莫重返险地,以免白搭性命。

6. 简易防护,掩鼻匍匐

男生在逃生时如果经过充满烟雾的路线,注意防止烟雾中毒、预防

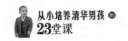

窒息。为了防止火场浓烟呛人，可采用湿毛巾、口罩蒙鼻，匍匐撤离的办法。烟气较空气轻而飘于上部，贴近地面撤离是避免烟气吸入、滤去毒气的最佳方法。穿过烟火封锁区，应佩戴防毒面具、头盔、阻燃隔热服等护具，如果没有这些护具，那么可向头部、身上浇冷水或用湿毛巾、湿棉被、湿毯子等将头、身裹好，再冲出去。

7. 善用通道，莫入电梯

标准设计的建筑物，都会有两条以上逃生楼梯、通道或安全出口。发生火灾时，要根据情况选择进入相对较为安全的楼梯通道。除可以利用楼梯外，还可以利用建筑物的阳台、窗台、天面屋顶等攀到周围的安全地点，沿着落水管、避雷线等建筑结构中凸出物滑下楼也可脱险。在高层建筑中，电梯的供电系统在火灾时随时会断电或因热的作用电梯变形而使人被困在电梯内，同时由于电梯井犹如贯通的烟囱般直通各楼层，有毒的烟雾直接威胁被困人员的生命，因此，千万不要乘普通的电梯逃生。

8. 缓降逃生，滑绳自救

高层、多层公共建筑内一般都设何高空缓降器或救生绳，男生可以通过这些设施安全地离开危险的楼层。如果没有这些专门设施，而安全通道又已被堵，在救援人员不能及时赶到的情况下，父母要教会男生迅速利用身边的绳索或床单、窗帘、衣服等自制简易救生绳，并用水打湿，从窗台或阳台沿绳缓滑到下面楼层或地面；安全逃生。

9. 避难场所，固守待援

如果火在外面，用手摸房门已感到烫手，此时一旦开门；火焰与浓烟势必迎面扑来。逃生通道被切断且短时间内无人救援。这时候，男生可创造避难场所、固守待援。首先应关紧迎火的门窗，打开背火的门窗，用湿毛巾或湿布塞堵门缝或用水浸湿棉被蒙上门窗然后不停用水淋透房间，防止烟火渗入，固守在房内，直到救援人员到达。

10. 缓晃轻抛，寻求援助

被烟火围困暂时无法逃离，应尽量待在阳台、窗口等易于被人发现和能避免烟火近身的地方。在白天，可以向窗外晃动鲜艳衣物，或外抛轻型晃眼的东西；在晚上即可以用手电筒不停地在窗口闪动或者敲击东西，及时发出有效的求救信号，引起救援者的注意。因为消防人员进入室内都是沿墙壁摸索行进所以在被烟气窒息失去自救能力时，应努力滚到墙边或门边，便于消防人员寻找、营救；此外，滚到墙边也可防止房屋结构塌落砸伤自己。

11. 火已及身，切勿惊跑

男生如果发现身上着了火，千万不可惊跑或用手拍打，因为奔跑或拍打时会形成风势，加速氧气的补充，促旺火势。当身上衣服着火时，应赶紧设法脱掉衣服或就地打滚，压灭火苗；能及时跳进水中或让人向身上浇水、喷灭火剂就更有效了。

12. 跳楼有术，虽损求生

身处火灾烟气中，精神上往往陷于极端恐慌和接近崩溃边缘，惊慌的心理极易导致不顾一切的伤害性行为如跳楼逃生。应该注意的是：只有消防队员准备好救生气垫并指挥跳楼时或楼层不高（一般4层以下），非跳楼即烧死的情况下，才采取跳楼的方法。即使已没有任何退路，若生命还未受到严重威胁，也要冷静地等待消防人员的救援。跳楼也要讲技巧，跳楼时应尽量往救生气垫中部跳或选择有水池、软雨篷、草地等方向跳；如有可能，要尽量抱些棉被、沙发垫等松软物品或打开大雨伞跳下，以减缓冲击力。如果徒手跳楼一定要扒窗台或阳台使身体自然下垂跳下，以尽量降低垂直距离，落地前要双手抱紧头部，身体弯曲卷成一团，以减少伤害。跳楼虽可求主，但会对身体造成一定的伤害，不到万不得已的地步不要采

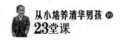
取这种方法，一定要慎之又慎。

13. 逃生预演，未雨绸缪

父母要经常给男生经常讲解防火自救的知识，并且通过逃生预演的方式让孩子熟练掌握这些知识，只有这样在面对火灾的时候也能做到临危不乱。

火灾是一种高发性的灾害，对人类的生命财产安全造成重大威胁。火灾有自然火灾和人为火灾，无论是人为火灾还是自然火灾，都往往会造成巨大的损失，其中自救知识的缺乏是造成人员伤亡和经济损失的重大原因。男生的父母在日常的生活中一定要时常向孩子灌输火灾自救的知识，教会男生正确识别安全警示标志，正确使用灭火器械。只有防患于未然，在灾难来临的时候才能保护孩子的生命。

2. 发生地震怎样自救

地震的成因很多，但最主要是因为地壳板块运动造成的。地震的危害力极大，破坏力极强，在短短数秒内就可对地面上的建筑物和构筑物产生毁灭性的破坏，它对人类和社会造成的损失无法想象。所以，学习地震方面的自救常识就显得格外重要了。

谈到地震，恐怕每个人都会在脑子里搜索出形容地震的词语来。地震其实是一种普通的自然现象，它虽然在我们的生活中不常见，但是一旦发生的时候，它所产生的破坏力将是惊人的，会给人类带来重大的灾难。

2008年5月12日14时28分04秒，8级强震猝然来袭，大地颤抖，山河移位，满目疮痍，生离死别……四川汶川大地震这是新中国成立以来破坏性最强、波及范围最大的一次地震。地震重创约50万平方公里的中国大地！截至2009年4月25日10时，遇难69227人，受伤374643人，失踪17923人。其中四川省68712名同胞遇难，17921名同胞失踪，共有5335名学生遇难或失踪。直接经济损失达8451亿元。面对一组组痛人心扉的数字，也让我们深刻体会到地震的巨大危害，地震的发生非常频繁，一次地震之后往往还有一连串的余震。

强烈的地震，常常会造成大量的房屋倒塌、大堤决口、大地陷裂等情况的发生，给人们的生命和财产带来严重损失。为了在地震发生时保护自己，把损失和伤害降到最低，应当掌握以下应急的求生方法：

1. 如果在平房里，突然发生地震，要迅速钻到床下、桌下等坚硬的物

体下面作为遮挡，同时用被褥、枕头、脸盆等柔软物护住头部，尽量不使头部受到伤害，等地震间隙再尽快离开住房，转移到安全的地方。地震时如果房屋倒塌，应待在床下或桌下千万不要移动，要等到地震停止再进出室外或等待救援。

2. 如果住在楼房中，发生了地震，男生不要试图跑出楼外，因为时间来不及。最安全、最有效的办法是，及时躲到两个承重墙之间最小的房间，如卫生间、厨房等。也可以躲在桌、柜等家具下面以及房间内侧的墙角，并且注意保护好自己的头部。千万不要跑到阳台和窗下躲避。

3. 如果正在上课时发生了地震，不要惊慌失措，更不能在教室内乱跑或争抢外出，以免造成拥挤踩踏事故。靠近门的学生可以迅速跑到门外，中间及后排的学生可以尽快躲到课桌下，用书包护住头部；靠墙的青少年要紧靠墙根，双手护住头部。

4. 如果已经离开房间，千万不要地震一停就立即回屋取东西。因为第一次地震后，接着会发生余震，余震对人的威胁会更大，一定要保持高度的警惕性。

5. 如果在公共场所发生地震，男生一定不能惊慌乱跑，要保持冷静的头脑，然后随机应变躲到就近比较安全的地方，如桌柜下、舞台下、乐池里。

6. 如果正在街上，绝对不能跑进建筑物中避险。也不要在高楼下、广告牌下、狭窄的胡同、桥头等危险地方停留。

7. 如果地震后被埋在建筑物中，应先设法清除压在腹部以上的物体；用毛巾、在衣服捂住口鼻，防止烟尘窒息；要注意保存体力、设法找到食品和水，创造生存条件，等待救援。

8. 如果夜间发生了地震，父母和孩子一定要抓紧时间向安全地方转移，不要因为寻找衣服或物品而耽误了逃离的最佳时间，如果时间允许，最好关掉电源、熄灭明灯、关闭煤气。照明最好用手电筒。

9. 当父母和孩子在野外旅游的时候发生了地震，山水就极可能变成危险的地带。河岸容易坍塌，山也容易发生山崩、滑坡、泥石流，这时候，从山上滚落下来的石头有着巨大的破坏力，父母千万不可让孩子顺着石头滚落的方向奔跑。要告诉他躲在结实的障碍物下，同时保护好头部。在野外还要注意高压线、变压器，以免触电。

很多男生对地震的知识几乎一片空白，当问到地震的自救知识时更是答不上来。这说明我们的教育出了问题，家长、学校、社会都没有尽到应尽的责任，学校和社会有关部门应该经常宣传地震的防救知识，让学生学会保护自己。家长可以带孩子参观科技展览馆，模拟地震发生时的情况，让孩子对地震有更加深刻的了解。总之，地震发生的时候，情况十分复杂。抓住时机，冷静正确地判断并迅速撤离，是避难求生的关键所在。

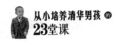

3. 发生水灾怎样自救

水灾是因为洪水引发的自然灾害。洪水常常威胁沿河、湖滨、近海地区的安全，甚至造成淹没的危害。水灾来临的时候往往会造成农作物破坏、人畜伤亡、房屋倒塌、财产损失等现象。至今为止，水灾仍然是对人类影响最大的自然灾害之一。

一个地区短期内连降暴雨，河水会猛烈上涨，漫过堤坝，淹没农田、村庄，冲毁道路、桥梁、房屋，这就是洪水灾害。洪水灾害一般发生在夏天，具有很强的季节性。洪水灾害给人们的生命财产和生活秩序都会带来巨大的破坏。

1998年夏天，我国的长江流域洪水泛滥，连日持续的大雨令灾情更加严重，造成了自1954年以来的最大的一次洪水灾害。共有29个省、市、自治区遭受灾难，受灾人数上亿，近500万房屋倒塌，2000多万公顷土地被淹，直接经济损失达2551亿人民币。水灾威胁人们的生命安全，造成巨大的损失，但是又很难根除，因此，懂得水灾自救的知识是必要的。

严重的水灾通常发生在江河湖溪沿岸及低洼地区，遇到突如其来的水灾，父母应该教男生应该做到以下几个方面：

1. 如果洪水来得突然，时间紧迫，来不及转移，也不必惊慌，可向高处（如结实的楼房顶、大树上）转移，等候救援人员营救。

2. 为防止大量洪水涌入屋内，首先要堵住大门下面所有空隙。最好在门槛外侧堆放上沙袋，满袋可用麻袋、草袋或布袋、塑料袋，里面塞满沙子、泥土、碎石。如果预料洪水还会上涨，那么底层窗槛外也要堆上沙袋。

3. 如果洪水不断上涨，应在楼上储备一些食物、饮用水、保暖衣物以及烧开水的用具。保证充足的生命必需品。

4. 如果水灾严重，水位不断上涨，就必须自制木筏逃生。任何入水能浮的东西，如床板、箱子及柜、门板等，都可用来制作木筏。如果一时找不到绳子，可用床单、被单等撕开来代替。

5. 在爬上木筏之前，一定要试试木筏能否漂浮，收集食品、发信号用具（如哨子、手电筒、旗帜、鲜艳的床单）划桨等。在离开房屋漂浮之前，要吃些含较多热量的食物，如巧克力、糖、甜糕点等，并喝些热饮料，以增强体力。

6. 在离开家门之前，还要把煤气阀、电源总开关等关掉，时间允许的话，将贵重物品用毛毯卷好，收藏在楼上的柜子里。出门时最好把房门关好，以免家产随水漂流掉。

7. 男生落水后，要屏住呼吸，放松身体，人体就自然的浮出水面了；如果有水草缠住了脚，千万不要慌张，屏住呼吸，轻轻地解开。

8. 游泳时，如果男生遇到了脚抽筋的情况，不要紧张，要弯曲身体，双手抱脚，等待救援。

9. 水灾后应谨慎选择饮用水，事先储备的饮用水才是最安全的。因此应事先储备一些干净水放在清洁密闭的空间里。如必须饮用河水、雨水等要烧开杀菌。

10. 夜晚直升机在救援时，父母应教会男生用手电筒、蜡烛向直升机发送救援信号。白天可用镜子反光和挥动颜色鲜艳的物品。

专家认为：通过安全教育，提高中小学生的自我保护能力，80%的意外伤害将可以避免。现在我国认识到急救和自我保护教育重要性的人越来越多，已有一些学校把这方面内容列入教学计划，但总的来说，重视程度

还是不够，缺乏系统性、经常性，不少地方仍是空白。在青少年和儿童中普及这方面的教育，是家长、学校、社会面临的迫切任务。学校和社会要针对青少年和儿童的年龄、生理及心理特点，邀请专家、学者和防汛部门工作人员，结合实际案例，讲授急救自救应用知识，作为教学的辅助内容。在课外活动中，要经常开展一些模拟自救互救活动，让学生进行具体操作。可以通过设立急救自救体验教育基地等方法，让学生亲身体验常用急救的各项操作技能，使他们在活动中锻炼实际处置能力。发生灾难的时候，一定要树立生存的信念，如果掌握一些自救的知识，可以自己积极地努力逃脱困境。如果个人能力有限，一定待在原地耐心等待救援，这些都是最有效的办法。

第二十一堂课

清华男孩必须具备的一些日常技能日常技能

　　在生活中的应用非常普遍。教育博士蒙台梭利认为：通过日常生活技能的训练，可以培养孩子的自理能力，从而有利于孩子独立性的形成。日常生活技能的培养，将有助于男孩更好地适应大学校园独立生活的要求，懂得这些技能，能赢得同学们的啧啧称赞，男孩也会引以为豪！更为重要的是，这些技能的训练可以使孩子学会独立、专心、协调，从而为以后生活奠定良好的基础。

1. 培养男孩的动手能力

　　许多男孩不仅智力较高，而且创造力强，这是因为他们不仅书本知识学得好，而且动手能力也比较强。手是人身体上重要的触觉器官，通过动手能力的训练，可以很好地促进孩子智力的发展。现在的教育，不再是书本理论的简单传递，而是理论实践并重的素质教育。像清华这样的知名重点大学，动手能力肯定是一项备受重视的能力，所以以清华为目标的男孩们，要为自己的双手加油哦！

　　科学家们发现，小孩子通过手的活动，可以将获取的外部信息传达到大脑，促使大脑的积极运转。我们所熟知的发明家和科学家，比如爱迪生、牛顿、瓦特都是从小就有很强的动手能力。这也启示我们的家长应该从小就培养孩子的动手能力。

　　美国哈佛大学的一些社会学家、行为学家和儿童教育专家，对波士顿地区400多名少年儿童所作长达20年的跟踪调查，结果发现那些动手能力强的孩子与不爱动手的孩子相比，长大后的失业率为1：15，犯罪率为1：10，平均收入要高出20％左右。这似乎从一个方面证明了动手能力与孩子的成才有着相当密切的关系，也启发我们从更广泛的意义上去认识动手能力对孩子成长的作用。

　　但是在目前，我国还有许多家庭存在着这样一种现象：孩子五六岁了，却不能自己吃饭、穿衣服；系鞋带还要靠父母；上小学了还不会自己收拾书包和文具更不要说做什么家务事了。孩子自理能力如此弱又该怪谁呢？

在德国，每个家庭都十分注重培养孩子的动手能力。家家都有一个自设的"小工厂"。海因里希家的"小工厂"就设在地下室里，大概有十四五平方米，虽然不是太大，但是中间摆着一个大工作台，工作台下面是许多个小抽屉，里面装满了各种规格的钉子、螺丝、垫圈、管件、电器的零件。靠墙摆放的一排工具柜就像个工具展览馆，从简易工具到现代化工具，从木工、瓦工工具到钳工、焊工工具应有尽有。海因里希说："工具多有好处，会促使人自己动手，让人变得能干和勤奋。"事实上，海因里希家的两层小楼除了设计和建造需要请人帮忙外，其余的如房屋装修、厨房和卫生间的设计和安装等，还有刷墙、铺地板、拉电线等都是他们一家三口的"杰作"。此外，他们家里的汽车、游艇、家用电器或者上下水管道出了问题，全都是他们自己修理，小海因里希在这样的环境下从小就表现出很强的动手能力。而且在德国，大家对技术性的工人都非常尊重。许多像西门子、奔驰这样生产精致高端的现代产品都出自德国制造。

诺贝尔奖获得者杨振宁教授曾经对比了中美两国学生，他说中国的学生成绩往往十分优秀，但是都是死读书；美国的学生成绩虽然不如中国学生，但是他们的思维活跃，动手能力很强。父母不注意培养孩子动手能力，很可能使孩子出现高分低能的现象。

男生的好奇心很强，家长要想培养他的动手能力就得学会因势利导，给他们的一些小家电或者玩具，家长可以向他们讲解一些科学原理，而后做一番示范。小孩都有强烈的模仿心理，他们就会想方设法拆开来看看里面的构造，然后思考怎么自己重装起来。如果有的活动存在一定的危险性，那么父母也不要去阻止孩子的动手行为，应该事先向孩子声明可能存在的危险，然后做好防范措施之后再让孩子动手。创造性的活动与动手能力密不可分，一旦孩子在某些简单的动手练习上面获得了成功，他就会体验到成功的喜悦，同时动手的兴趣也会进一步提高。

　　培养孩子的动手能力需要提供给他们各种结构材料，让幼儿玩结构游戏。家长们自己可以设计一些结构材料供幼儿游戏，如硬纸板、卡纸剪出各种几何图形的小块块，让幼儿做拼图游戏；家长还可以教给他们折纸飞机的方法，让他们自己学着去折。帮助幼儿从事这些手工制作，进行折纸、剪纸、穿珠子等手工制作，让幼儿在这些活动中满足好动的心理需要，实现他们的某些创造性设想，培养他的动手能力。如果培养孩子学习电子琴、钢琴、口风琴等乐器的使用，可以促进手、眼、耳、脑的配合，使他们更加协调地发展。还有一些家长学着德国家庭那样送给孩子一个小工具箱，里面放满了剪刀、尺子、铅笔、螺丝等和旧的小家电、玩具，让孩子学着去修理和拆装玩具、小家电。这样便能有效地锻炼孩子的动手能力，使孩子的动手能力得到提高。

　　动手能力是男生综合能力的一个重要部分，动手能力的强弱决定了创新能力的强弱。如果一个动手能力很差的男生，即使学习成绩再好，回到工作和生活中，他的应变能力和办事能力也不会强到哪里去。尽早培养男生的动手能力，不仅可以使男生变得心灵手巧，还可以共促进大脑的发育和成熟，让男生更早地学会生活自理，用自己的双手去发现，去创造。

$\mathcal{2}$. 男孩会做家务是个宝

劳动是快乐的源泉。有调查表明，那些经常做家务的孩子心理问题较少，而且学习的自觉性和责任感却比较强。适量做一些家务可以促进孩子的成长与发展。

现在家庭生活条件越来越好了，孩子的成长环境也越来越优越，作为父母，把所有的心血和爱都献在了孩子的身上，为了孩子有一个美好的将来，什么事都亲历亲为，帮孩子打点一切。因此，很多孩子长到了十几岁连一次家务也没做过。这也难怪，我们的父母所期望的就是让孩子好好学习，只要把学习搞好了，其他的任何事情都不需要孩子的插手。这几乎是中国所由父母的一个共同愿望。渐渐地，我们的孩子在父母的溺爱下越来越懒，生活的自理能力也没有得到多大的提升。

大龙是一个很喜欢"玩"家务的孩子，每次妈妈动手包饺子，他都嚷着要参加，可妈妈总是嫌大龙碍事不让他插手，大龙就偷偷地拽一小块面团放在手心里玩，等妈妈发现时，已经把面粉揉成黑色了。大龙还常常跟妈妈抢着洗碗，结果碗没洗成，还把碗给摔碎了，反让妈妈做了更多的家务活。一天，妈妈终于按捺不住了，对大龙怒声吼道："走开走开，再捣乱妈妈就打你屁股！"终于有一天，奇奇"懂事"了，再也不想插手家务了，妈妈又开始唠叨起来："这么大的人，还要妈妈给你收拾书包！""瞧你这孩子，这么懒，一点也不知道帮妈妈做点家务！"

其实在生活中，我们的孩子并不是不想做家务，而是我们做父母的太心疼孩子，没有给他足够的机会，所以孩子逐渐习惯了所有的家务都由父母来做，从此变得越来越懒。孩子处在成长发育的阶段，都有活泼好动的特点，父母教会孩子做家务，不仅顺应了孩子的心理规律，而且可以培养他独立生活的能力，这样一举两得，父母们又何乐而不为呢？

家长可从以下几种家务中选择来培养孩子：

1. 让孩子打扫卫生。孩子的房间要让孩子自己去收拾，另外客厅或别的地方，家长也可以与孩子一起大扫除。这样，孩子在和父母一起劳动的过程中就会感到既轻松又愉快。

2. 陪孩子进厨房。家长和孩子一起择菜、洗菜、切菜；通过手帮手指导，教会孩子淘米，煮饭，教会他烹饪简单的家常菜。这样有利于提高孩子独立生活的能力。

3. 教孩子洗衣服。家长可以选择在双休日或暑假，自己洗衣服时把孩子带着，并指导如何动手操作。可以教孩子先洗小件衣服，然后再洗大件衣服。

4. 带孩子去买菜。双休日家长可以带大一点的孩子到菜市场上一同买菜，钱可以放在孩子身上，并教他如何跟菜主讨价还价，以及怎样识别蔬菜的种类和好坏。这样做，既能让孩子学会正确花钱，养成勤俭节约的习惯，又能使他们接触社会，了解社会，增长社会阅历。

但是父母在培养孩子做家务的时候也需要注意一些问题：

1. 不要急于让孩子独立完成家务，注意环境安全。

当父母带领孩子进入厨房的时候，就需提醒孩子注意一些家电的使用，尤其是煤气炉。不要让孩子因为要做家务而不规范使用炉电；不要让孩子一下做太多的事情，孩子还小，没有耐心也没有能力同时把好几件事情都处理得很好。

2. 不要对孩子要求太高。

孩子的能力毕竟有限，如果叫一个3岁的孩子把自己凌乱的房间收拾得整齐有条理，他会不知从何做起。要培养孩子这种能力，做父母的就要陪在孩子身边，将每件事分解成几个简单的小步骤来教孩子。一面指导、一面监督，只有上了轨道后，才可以渐渐放手让孩子独立完成。

如果孩子觉得太难了，父母可以将这件家务90%都做好，给孩子留下最后一两个步骤去完成，这样孩子既可以一会儿就做完，又有成就感，孩子就会有信心下一次也可以做到。

但要事先跟孩子讲好规则，才不会到最后弄得一团乱，骂也不是，不骂也不是。

3. 不要命令孩子做家务。

孩子就像复印机，会把家人的言行一一地复印出来。让孩子做家务千万不要随性而为，而要将孩子每天需要完成的家务固定下来，父母与孩子都要切实的执行。若父母与孩子其中一人因为某个原因，需要他人代为完成时，趁机教导孩子一定要事先提出来请父母协助，父母再跟孩子商量解决的方法，引导孩子完成自己的事务。

4. 不要用金钱诱导孩子做家务。

许多父母喜欢用金钱诱惑孩子去做家务，即使孩子去做了，那也仅仅是因为金钱，而不是别的。父母应该让孩子知道做家务是每个家庭成员的责任，做家务不是一份获取金钱或礼物的工作，也不是用来交换条件的工具。

5. 不要用"请你帮忙"的态度要求孩子做家务。

"请你帮忙"的态度会让孩子感觉自己是"被要求"。改用大人的"小帮手"角度来提升他的积极性是个好方法。但如果是他分内的事情，还是要给予责任的概念，告诉孩子自己的事情自己应该自己完成，照

顾好自己就是帮大人的忙。

6. 不要把做家务当做是惩罚。

父母千万不要在孩子犯错的时候，把做家务当成惩罚的工具，那会让孩子更缺少对做家务的热情，更讨厌做家务。

做家务不仅仅是一件简单的体力劳动，更是一种学习和锻炼，做家务的过程中有很多小窍门，也需要动脑筋。在孩子做家务的过程中，他就会自然而然地想到父母每天付出的心血和劳累，变得更加体谅父母，更加懂事，对家庭的责任感也会增强了。适量地做家务还可以达到缓解疲劳和压力的目的，孩子在紧张繁忙的学习之余，不妨做一点家务。

第二十二堂课

清华男孩同样有叛逆，父母要理解

　　父母在与男孩相处的时候，会遇见很多棘手的问题，尤其是处于叛逆期阶段的男孩最为突出。叛逆性，是每个男孩子在某一阶段都会具有的心理特征。所以父母一定要正确对待和处理这一问题。对处于叛逆期的男孩所出现的一系列问题，父母一定要予以重视和及时解决，这些问题若不及时解决，将对男孩造成非常不良的影响。

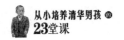

1. 看看儿子为什么不满

有一段时间，你的儿子总是噘着小嘴，摇着头，什么都看不惯。问他们，他们什么也不说。他们为什么这样不满呢？孩子的心里到底装着什么？

有时候，叛逆期的男生之所以反抗是因为他们心中有不满的情绪。

从叛逆期的男生的口中得到的回答，大部分是否定性的回答。不管你对他说什么，他们也不管自己是不是喜欢，是不是愿意，他们都会说"不"。有时候，你对他的错误做法进行指正，他们即使心里认为你是正确的，但是嘴上还总是会说"不"。

孩子的反抗是有原因的，有时候，在他们心里藏着很大的不满，所以他们才对一切都否定。

肖东家的仔仔快十岁了。肖东跟我说他最近发现仔仔变化很大。

以前仔仔很乖很听话，大人给他讲道理，他都会听。但是现在他经常会说"不"，还说肖东话太多；叫仔仔帮他妈妈扫地，他却说他不想扫地；而对家人也不像原来那么关心了。

小时候见爸爸妈妈不舒服，仔仔会表现出很在意的样子，现在如果叫他帮妈妈端水，他就会装出自己也不舒服的样子。而且现在仔仔变得很倔强，大人越是批评他，他就越是不听，使得肖东夫妇只能软硬兼施。小孩的叛逆期让他们很是头疼。

男生的这种叛逆行为是有一定原因的，父母要针对孩子反叛的具体情况进行仔细分析。有时这种叛逆感觉是孩子在表达对父母的某种不满，或者是孩子认为自己长大了，而父母还是在用对待小孩子的方式对待他，这也使他感到不满、不屑甚至是愤怒。

孩子有了不满，做家长的就要心静气地和孩子谈谈，观察孩子情绪变化的来源，最容易在什么场合、什么事情上会特别容易发脾气，了解孩子此时的感受和想法，这样才能知道如何帮到孩子。

15岁的陈新是重庆市一所重点中学的学生。但是他的成绩一直不是很好。父母望子成龙的心情非常急切，所以他们没有征求陈新的意见，就自作主张给他请来四五个家教补习功课。

面对应接不暇的家教老师，陈新从反感发展到厌恶，不仅对家教不理不睬，甚至躺在床上闭着眼睛听老师讲课。

父亲万般无奈，为了让儿子学习，陈新的爸爸竟然跪在儿子面前，请求他"好好学习"，但是没想到陈星一下子从床上跳起来，竟然指着自己的父亲大骂"你活该"，而且认为这都是因为父母单方面把意愿强加给自己，所以才会造成这样的局面。

陈新父子的关系一直降到冰点。

15岁的陈新正处在青春期，也是他的第二个叛逆时期。在这个时期，他的独立意识、自我意识膨胀到了极点。不要说逼着学习了，就算是父母哄着孩子学习，他都不一定合作。何况陈新的父亲做法过分，不但不考虑孩子的具体情况请了很多家教，做父亲的还给儿子跪下，这实在不是一个好的教育方法。

扭转孩子的叛逆情绪，家长的帮助不可或缺。当孩子有反叛情绪的时候，找出孩子不满情绪的真正源头，想方设法地与孩子进行沟通，让孩子正确地认识事物和问题。只有在父母的理解和关爱下，孩子才能顺利地度过这个特殊的时期。

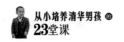

2. "宝贝，你觉得这样对吗？"

孩子做错事了，做父母的都会采取一些办法来进行处理。是揍他们一顿，还是"口水战术"？这时你会想到，不停的说教或是口头批评，这些早晚都会失去它的效用。干脆，来一次暴风骤雨，让他牢牢记住，以后绝不敢再犯。

教育孩子确实是个费脑筋的事儿。许多家长被自己的孩子搞得几乎头都大了。有个家长曾经告诉我，自从他的孩子告别幼年以后，操心的事儿是一个接着一个，越来越多，而且难度也加大很多，他以前的头发又黑又浓密，可是现在呢，都快谢顶了。一定有不少父母也这样，确实，随着孩子的渐渐长大，他们的问题越来越多。家长一点照顾不到就会出事儿，出了事怎么办？有的家长批评孩子几句，也不知道孩子听了还是没听。

7岁的林林在吃饭的时候不小心把碗打破了。妈妈见他不小心，做事没个认真劲儿，便说了他两句，可没想到林林觉得委屈，竟大哭大闹个不停。这么一来，林林的妈妈可就更生气了，她开始不停地数落林林，说林林这做的也不对，那做的也不对，一直说到自己口干舌燥才停住。可是回过头来看看林林，他早就把刚才的事忘了，也没有理会妈妈，正拿着玩具不知道研究什么呢。妈妈无奈地叹了口气，自己怎么有这样一个孩子。

有的家长将孩子"三下五除二"，挥开大手"疼"一下孩子。但是，你的"三下五除二"也不一定奏效啊！批评孩子，不宜采用暴风骤雨般的形式。

　　一位名叫小杰克的6岁法国小男孩，做错了事之后，不但不听妈妈的好言相劝，反而大发脾气，将玩具摔在地上，并且躺在地上嚎啕大哭。

　　面对儿子的这种行为，小杰克的妈妈并没有大声地训斥他，也没有向他迁就讨好，而是用冷静的口吻对小杰克说："请你自己好好想一想，这种行为对不对？想好了找妈妈谈谈。"说完坐到一边观察儿子的反应。

　　过了不久，小杰克起身走到妈妈的跟前，面带愧色地对妈妈说："妈妈，我要做个好孩子，刚才是我不对。"这时，妈妈才亲切地抱起小杰克并吻了他一下，告诉小杰克刚才发生的事情错在哪里，然后母子俩一同收拾好地上的玩具。

　　在国外，许多家长在教育孩子的过程当中，并不是随意打骂或者盲目迁就，而是留给孩子反思自己错误行为的机会，让他想想自己的行为是对还是错，这不失为明智之举。给孩子一个反思的机会，让他自主独立的改正自己。

　　从心理学来讲，反思能够缓解由矛盾引起的紧张气氛，父母和孩子双方能够静下心来，心平气和的思考自己的行为的对与错。这就无形地削弱了双方在心理上的抗衡，进而理智地看待自己的行为，最终使教育起到预期的良好效果。

　　实际上对于父母来说，在孩子犯错误时，让孩子自己有反思的机会，这并不等于放弃教育，不等于对孩子放纵、不管不顾。作为父母，可以根据孩子的年龄特点、个性品质、事情发生的背景等实际情况灵活掌握，而且注意观察孩子在事情发生后的一系列复杂的心理变化以及动作表现，看看他们大体上是一种什么态度，是后悔自己做过的事，还是顽固的坚持错误，根据孩子不同的神态表现开药，找准一个恰当的契机，对孩子进行帮助与教育。如果孩子确实有真诚的认错态度与改正的表现时，那么父母要及时地接受孩子的请求。然后值得注意的是孩子的反思时间千万不能过长，因为孩子都比较容易忘事儿，不能等到铁凉了再打，要趁热。否则，

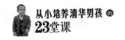
孩子常常会忘记先前所发生的事，从而极易造成无所谓的态度，这样一来，反而会养成一种任性和执拗的坏习惯。反思的时机很重要，别忘了火候儿。

男生毕竟还小，在他们心里，对与错的界限有时并不能分得很清楚。比如说，他不知道你的衣服是品牌设计，不知道它的昂贵，也许他纯粹因为看着色彩鲜亮，便将小狗放在上面。用名贵的衣服作小狗的被子，结果小狗将衣服咬坏，孩子并没有什么反应，觉得没有什么。而你发现自己的名贵衣服遭到破坏当然心疼，于是大骂起来。但是，孩子并没有这种意识，因为他不了解。这时，你都应该耐心地给孩子反思的时间，给他机会。而不要一味的骂孩子，当他反思之后，关心地问他"宝贝，你觉得这样对吗？"让男生自己认识到自己的错误，这比起你用暴力或是不停的说教实在是有用得多。

3. 当你错了，要say "sorry"

"金无足赤，人无完人"，每个人都曾经做过错事。即使你身为父母，也未必就没有在孩子面前犯过错。当你错了，你会怎样？瞒过去，还是主动承认？孩子做了错事就要被要求主动承认，父母也应该一样，当你做错了，请主动说一声"sorry"。

有时候父母自己犯错了碍于面子，不会向孩子承认错误。你们会说"天下无不是的父母"，你们即使错了也是为了孩子好，也是对的，不需像孩子赔礼道歉。向孩子认错？怎么可能！

但是，几乎所有的父母都会这样教育孩子："要勇于承认自己的错误，这样才是好孩子。"父母经常告诉孩子犯了错就得敢于承认，不要为自己找各种借口。但有些父母自己错了，却很少在孩子面前承认，尤其是在曲解、误解了孩子的时候，或者是错误地批评了孩子的时候，这些父母是不愿意直接、正面地向孩子承认错误的，他们认为如果向孩子道歉，那岂不是在孩子面前失去了尊严，没了威信？

事实正好相反，作为父母如果做了做事都不去承认，那么孩子就有了"榜样"，他们还会在以后犯错误的时候去主动承认吗？记住，你的一言一行都是孩子的"教材"，你做不好，他也学不好。父母不要觉得像孩子承认错误会让自己没尊严、没威信。相反，你做错了事不承认才会让你威信下降。如果放下自己的面子，主动认错，孩子会更加崇拜你。当自己做错了，还是给孩子树立个好榜样，说声"对不起"吧！

　　那天大勇刚下班回家，他6岁的儿子就迎了上来说："爸爸，我们班小飞有一个新的彩色铅笔盒，非常漂亮，那是他爸爸昨天给他买的，我们班上的好多小朋友都很喜欢。爸爸，你也给我买一个吧。"对于儿子的要求，只要是合理的，大勇向来是有求必应，何况儿子那时确实还没有铅笔盒，于是，他答应这个周末就去买。

　　第二天下班后，大勇陪一家人看电视，这时小飞的妈妈来了，她说，小飞前天买的那只彩色铅笔盒不见了，和他们一起玩的小孩子看见是我儿子拿了。听了这话，大勇简直又羞又恼，气急败坏的他一把抓起坐在沙发上看电视的儿子，吼道："你到底拿了小飞的彩色铅笔盒没有？不许撒谎！说！"

　　"没拿！我就是没拿！"儿子倔强地申辩着，眼睛瞪得很圆，眼里噙满了泪水。大勇见儿子不肯承认，又看见小飞的妈妈在旁边，又气又急，便扬起了巴掌，狠狠地打了儿子一个耳光。儿子被大勇打疼了，哇的一声哭了。

　　从那以后，大勇也没怎么给儿子好脸色，而那小子还挺倔，他也不主动和大勇说话。几天后，小飞的妈妈又来到了大勇家，大勇以为儿子又做错什么事情了，只见小飞的妈妈一脸歉意地说，她儿子的彩色铅笔盒在另一个同学的书包里找到了。突然之间，大勇心疼起儿子来了。那天的一记耳光看来是打错了，他冤枉儿子了。

　　那段时间，做爸爸的大勇在儿子面前显得很窘迫，不管他为儿子做什么，对儿子说什么，儿子总是噘着小嘴不搭理他。他也不好意思去向儿子承认错误，毕竟自己是老子，实在是抹不开面子。但是，明明是做父亲的错了，自己不承认，难道也要让孩子以后这样吗？大勇思来想去，最后还是决定承认错误。

　　三天后，是儿子6周岁生日。那天，大勇特意买了一个彩色铅笔盒，放在了儿子的床上，他还在铅笔盒里留了一张条："儿子，爸爸那天打疼你了吗？是爸爸不对，爸爸错了，原谅爸爸好吗？"

第二天，大勇下班进家门，只见门口早已放好了他的拖鞋，里面还有一张纸，大勇拿出来一看，上面写着："爸爸，我原谅你了！"当时，儿子一边假装在客厅里看电视，一边不时用眼角偷偷地看爸爸。

大勇的知错就改也让他们父子冰释前嫌，和好如初了。

这个温馨的故事告诉我们，父母做错了事情，就应该主动向孩子道歉。家长在孩子心目中的地位是不可替代的。潜意识里，孩子总是把家长当成自己的榜样，并且做事情也总会刻意模仿家长的样子去做。做家长的做错了事，一定要敢于向孩子认错，这样不仅不会伤害家长的"尊严"，反而会使孩子觉得自己的爸爸妈妈更加可亲，也更有利于维护家长的"长者形象"。但是，如果做错了事也不敢承认，就恰恰会伤害到孩子的感情，他们觉得家长也不过如此，一样不能勇敢地承认错误。

在我们生活中，凡是要求孩子做到的，家长自己也应该带头去做，并且认真地将事情做好。如果家长违背了自己说过的事，敢于向孩子承认错误，做检讨，那么孩子也会觉得家长的说教真实可信，而不是居高临下的骗人把戏。家长的说到做到会使孩子自觉自愿地按家长的要求去做。另外，家长的敢于承认错误，也会激励孩子勇于承认错误，改正缺点。

有时我们可以听到孩子这样的反问："你不是说应该……的吗？""你不是说不能这样吗？"每当这个时候，当家长的就要主动反思了，错了就赶快向孩子认错，千万别遮遮掩掩，主动地说句"我错了"。

如果父母能做到勇敢地向孩子认错，那么就会形成一种健康的、和谐的家庭氛围。你的孩子看到你向他认错，就会产生一种"平等"的心理，感到你把他当成大人看待，从而激发一种"自我约束，自我限制"的自觉性，他们不但觉得你可敬，而且也认为你们是可爱可亲的父母。这将对他们的良好的个性塑造产生积极的影响。

第二十三堂课

不要让您的男孩带着青春期的阴影读清华

　　青春期是男孩性意识开始觉醒的时候，他们会开始关注异性的一举一动，并且投入自己的一些心理感受。父母不要认为男孩在青春期的行为是不光彩的，其实这正说明男孩已经开始走向成熟。如果面对男孩在青春期特有的行为，父母表现得过分约束甚至责骂，不仅无法引导他们的行为，甚至还会伤害到他们的自尊，让他们认为自己是个坏男孩。青春期的男孩是敏感的，父母应该用自己的关爱帮助他们顺利地度过青春期。假如您的孩子，是一棵未来的"清华之苗"，您也不忍心让他有心里阴影上清华吧？

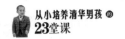
1. 儿子患上"单相思，"家长该怎样办？

　　单相思，是男孩在成长过程中经常出现的一种"情感"表现。当男孩患上单相思，父母不要责骂他们，要向他们表示出自己的理解。父母要及时给他们疏导和关心，让他们认识到还有很多更有意义的事情需要做，从而转移他们的注意力，让他们把这份美好的"感情"转化成纯洁的友谊和学习的动力。爱情可以等，学业不能拖！这在为清华奋斗的途中，岂不是一举两得吗？

　　孩子本身就是父母爱情的结晶。恋爱，也是孩子成长中必然要经历的过程，单相思则是萌发恋爱感情初期的一种朦胧，只是一种倾向，还不算是恋爱。

　　当得知男生患上了"单相思"时，父母千万不要以为儿子是在走向堕落。虽然单相思会影响他的学习和身心发展，但做父母的要认识到这是男生青春期发育成熟的一种表现。遇到这种情况，父母要给予男生更多的理解和关心，不能一味责怪，要善于跟他沟通，帮助他剖析自己，引导他对这种感情多作正反两方面的思考，引导他从更大的范围去跟人交往，他学着用理智的力量战胜这不切实际的感情，鼓励他更多地参与集体活动、娱乐活动以转移注意力，摆脱单相思的烦恼困扰，选择正确的人生方向。父母也别忘记了更多关心男生，让他感受到家庭的温暖，让他更关心自己的未来，而不是现在的情感。

　　正在读初三的鸿宇，是个比较内向、有点腼腆的男孩，学习成绩不是太出色，一直是中上等，在班里表现得默默无语的。最近，妈妈在他的日记本上看到这样一段文字，"我的同桌很可爱，我挺喜欢她的，想每天都看见她，可跟她坐在一起就心跳得特别厉害。我想跟她说话，又怕她嫌我讨厌，想约她出去玩，送她礼物，又怕她拒绝。我总是很矛盾，所以很希望老师给我调座位，免得我跟她坐在一起就心慌。"

鸿宇的心情就是在青春期容易出现的"单相思"的烦恼，这种情况在中学期间比较普遍。但大多数的青春期"单相思"会随着年龄的增长而慢慢烟消云散，只在记忆的深处留下一段或美好或略带青涩的小插曲。其实，跟自己心仪的朋友坐在一起是一件快乐的事，不能算是爱情，也可以是友情。只不过男生还没有学会如何分辨他们。

快乐因素能够缓解甚至驱散一切烦恼。父母平时多关心自己的儿子，多跟他谈心，了解他的快乐和苦恼，分享他的快乐，分担他的苦恼，跟他做最好的朋友。这样他就不会把什么事情都闷在心里，压抑自己，否则，压抑积攒到一定程度就很难缓解和控制了。所有一切都是为了让男生变得开朗、合群、自信。

高平是本市一所重点高中今年毕业的学生，在他上高二下学期的时候曾为喜欢隔壁班一个女生苦苦挣扎，十分自责却又摆脱不了思念。虽然知道自己应该好好读书，考上大学才是最重要的任务，但又控制不住自己。想求得帮助，老师却在全班不点名地以他的事情作为例子教育同学，他觉得受到了莫大的侮辱，就更不敢告诉父母了。

他的父母发现那段时间孩子总是一脸忧郁的样子，问他也不说，后来他的爸爸无意中听到风声才知道了儿子的事情。然而，他爸爸没有不加思考地训斥高平，而是跟他妈妈商量之后，两人充分肯定了儿子恋情的合理性和纯洁性，要儿子"毫无惭愧"地评价自己，并相信他能处理好学习和恋情的主次。高平得到了父母的理解后伤心地哭了："老师挖苦我，同学议论我。我也很难过，可是又不知道找谁说。要是知道爸爸妈妈能够理解

我，我早就把心事告诉你们了。"

父母利用宽容和智慧帮助了高平克服了最艰难的矛盾冲突和内心挣扎，让高平丢掉了沉重的自责和羞耻，不但精神面貌焕然一新，而且学习也随之突飞猛进。他事后说："我的父母是天底下最好的父母。"感激之情溢于言表。也是由于那段经历，高平显得更成熟了。

当男生陷入苦恼和困境时，父母表示充分的理解和信任，并耐心疏导，比简单的训斥、压制，更能收到好的教育效果。高平的父母不得不说是充满智慧和仁爱的，是优秀的家长。

理解万岁，智慧压倒一切。优秀的父母，需要具有帮助男生解决问题的能力，他们敢于面对男生遇到的各种各样的现实问题，与男生之间的对话也没有什么禁忌。尤其是当男生进入青春发育期后，优秀的家长也不会对早恋问题过于敏感，而是心平气和地跟他讨论这些问题。

父母应该鼓励男生要给自己的"感觉"打问号。心理学家认为，感觉只是人们认识客观事物中的一种初级形式，它所反应的只是事物的个别属性，因此往往会对事物产生不正确的反应。青春期的男生因为某些原因，在"感觉"基础上产生的"爱情"其实是一种感觉感情，与真正的理性的爱情不可同日而论。所以，父母要告诉男生：当你感觉到某一位异性同学的温情时，一定要多问个"为什么"。男生要进行冷静的思考，切莫过分相信自己的感觉，免得作茧自缚。

同时，男生遇到"单相思"的困扰，优秀的父母也会跟男生站在统一战线上，毫不避讳地采取智慧的措施引导男生倒出"苦水"，卸下心理包袱，帮助他分清"爱情"和"友谊"的界限，学会克制自己的情感，帮助他走出困境。

2. 家长要正确对待儿子的性幻想

男孩性幻想是一种很正常的现象，不仅在于它是性生理发育的必然结果，更在于它是缓解性紧张、获得性满足的良好方式。父母要给予男孩充分的理解，并帮助他们正确对待，缓解他们的愧疚感，逐渐走出阴霾。

性幻想又叫性想象，是一种与性有关的虚构想象，也是一种各年龄段普遍存在的性心理想象。青少年时期的男生，是性幻想的多发期。虽然大多数人都认为性幻想是一种不好的行为，但它也不是一点可取之处都没有。它在避免了男生产生性心理障碍，增进男生的生理健康，增进社会敏感性等方面还具有重要的积极作用。

随着性生理的发育和两性交往的增多，青少年的性意识也日渐增强，但由于父母、老师的教育、约束，以及自身心理不成熟的条件，他们不得不和异性保持一定的距离。这严重影响了男女生之间的正常交往。

在青春期，由于性成熟使得男生对异性的爱慕十分强烈，但又无法与异性发生更多的亲近，这样便把自己曾在文艺作品及媒体中看到的镜头，经过大脑重新组合、加工，编成自己表演的过程。因此，青春期的男生常常会走神，他们经常不由自主地做白日梦——性幻想。他们有时会情不自禁地想起电视电影或平时生活中的漂亮女生，回想起她们的言行举止，一颦一笑，甚至幻想跟她约会、拥抱、接吻，或发生性关系。

小刚上初一的时候，邻居家的哥哥结婚，娶了一个漂亮的媳妇。见到

嫂子的那天，小刚涨红了脸，好像比新媳妇见公婆还要紧张。从此他的心开始躁动不安起来：有时是莫名的激动，有时是痴痴的发呆，有时是触景生"情"……有一段时间，甚至已经到了如痴如醉、不能自拔的程度。

妈妈发现了小刚的反常，对爸爸说：

"刚子这几天是怎么了，整天痴痴的，是不是病了，还是哪儿不舒服？"

爸爸不在意地丢下一句话："你尽瞎操心，屁大点的孩子能有什么病！"

但妈妈还是不放心，经常摸摸他的头，看发烧了没有，还有时偷偷地背着小刚的弟弟和姐姐，给他做荷包蛋吃。

当时的小刚，始终处于焦虑、恐惧、自责和矛盾中，生怕让人知道了认为他很下流，是个不学好的孩子。小刚长大后才知道，他当时是由于有了性的意识，又受到新嫂子美貌的刺激而产生了性幻想。

一般男生在青春期成长历程中，都曾有过这样或那样的性幻想。青春期的男生在成长阶段被一些外界因素诱发会产生性好奇和接近异性的欲望，但由于知识水平、环境和传统道德观念的限制，这种对异性朦胧的好奇心和欲望不得不被强制压抑内心深处，往往使他们处于一种莫名的烦躁和不安中，从而产生性幻想。

性幻想是伴随男生生理发育而出现的正常的性心理活动，父母正视、理解它才是积极的态度。著名性心理学家贺兰特曾说过：性幻想是所有性现象中最为普遍的，很难想象什么人会没有这种行为。所以，对于男生的性幻想，父母应该给予充分的理解。要知道，"性幻想"不是洪水猛兽，也不是道德品质败坏的标志。不要让男生因此背上沉重的心理负担，要帮他减压，是父母的当务之急。

首先，父母要帮助男生纠正对性幻想的错误认识。不要让男生将正常的性幻想视为败坏道德、低级下流的事。父母除了让男生了解性幻想的正常性和普遍性以外，还要重视他、宽慰他，缓解他的焦虑紧张情绪。要让他明白，他们之所以会出现这样的困扰，并不是由于性幻想本身所引起的，而是自己对性幻想所持的态度所致。父母要让男生能够接纳自己，性幻想正说明他正在逐渐成熟。很多人都会有性幻想，自己不要认为自己不是好孩子。

其次，要注意对男生的性幻想进行正确引导。虽然性幻想是正常的心理活动，但任何事情都应把握个度。如果沉溺其中，会对男生的学习、生活以及健康成长造成伤害。所以，父母要注意帮助男生通过其他的兴趣或者集体活动转移他的注意力，让他没有时间和机会"胡思乱想"。父母应该鼓励男生去大大方方地与女生接触，不要因为自己有过性幻想，就觉得没脸面对异性。

最后，父母要提醒男生不要随便把性幻想的内容和对象告诉别人。青春期的男生还是应该有一些不能说的秘密，把秘密藏在心底。虽然性幻想是正常现象，但如果随便向别人讲述，不仅会对性幻想的对象造成伤害，还有可能让自己处于尴尬的境地，影响他人对自己的评价。

总之，处于青春期男生的性幻想并不是什么错误。父母要帮助他建立正确的人生观和性观念，让他了解这一阶段是成长的必经阶段，正确地理解人生，了解性，树立积极健康的人生态度和价值观，才能够使自己顺利地度过青春期。

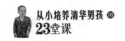

8. 用恰当的方式引导儿子远离"手淫"的习惯

如果男孩有手淫的行为，父母不必高度紧张和不知所措，更不要对孩子打骂责罚。只要对男孩加以正确引导，引导他们养成良好的个人卫生习惯和作息习惯，培养广泛的兴趣爱好，就能逐渐摆脱这种困扰。

手淫是通过自我抚弄或刺激性器官而产生性兴奋或性高潮的一种行为，在少男少女中常有。由于他们性机能的成熟和性意识的觉醒，开始产生对性的需求。他们不仅对性问题格外注意，而且往往情不自禁地玩弄性器官。因为偶尔出现的性满足使他们开始了手淫。

但很少有父母注意到自己的儿子有手淫的习惯。因为在我国传统文化与道德观念里，人们不愿意过多的谈论性。所以，手淫这种行为一向被视为肮脏的恶习，属于社会生活的禁区。可是，青春期的男生常常会出现这样的行为，并且把它当成是最私密的事情，有时还伴有好奇、紧张与迷茫等矛盾心理。他们也知道这种习惯不好，但是却很难戒掉。

很多父母都认为手淫是坏孩子的"专利"，好孩子是不会那样做的。实际上这都是父母的主观臆断。一些父母之所以认为手淫的男生是坏孩子，只不过是因为男生手淫这种行为本身，超出了男生的心理承受能力。

其实，手淫是从男生出生后就存在的行为，最常见的就是许多男生在儿童期都会无意识或者好奇地玩弄生殖器官。手淫并不像许多父母和男生认为的那样肮脏，相反它是一种正常的生理反应。但是过度的手淫会影响男生的学习和生活，甚至是伤害身体。

小彻今年才6岁，可他的行为却让妈妈非常苦恼。小彻在家里很听话，在学校也很乖，老师甚至常常夸他懂事，可不久前妈妈突然发现小彻有一个不好的习惯，没事总喜欢玩自己的"小鸡鸡"，妈妈一开始还以为是孩子太调皮了，后来她经常看到儿子有这样的举动，小彻的爸爸也注意到了孩子的这种习惯。夫妻俩向朋友打听，才知道儿子这种习惯也叫"手淫"。儿子这么小，就有这种习惯，以后怎么办？本来想去找医生治疗，夫妻俩又担心孩子的心灵因此有了阴影，可自己又不知道怎么教。这段时间，妈妈一看到小彻有这样的举动就打他的手，儿子这样的动作是少了，性格却比以前沉默了……

俗语说，"爱之深、恨之切"。许多家长接受不了儿子手淫，对他的行为往往会表现出高度的紧张和不知所措，并因此责备、打骂孩子，认定儿子做了见不得人的丑事。虽然父母的目的是怕男生沉溺于此，影响他们的身体健康、学习和成长，但教育的方式却是粗暴的。

现在，医学已经证明，手淫本身并没有什么危害，偶尔发生的手淫行为对身体不会有什么影响。然而因为许多男生并不了解手淫是怎么回事，心中充满疑问又得不到正确解答，再加上害怕被父母、老师或者同学发现，所以常常误认为手淫是一种不良行为，很下流，并由此产生恐惧、紧张、自卑的心理。这就使得他们往往在手淫的快感过后，陷入自责、悔恨之中，同时，强烈持久的性冲动又必然引起头晕、失眠、食欲不振、注意力不集中、记忆力减退等现象，除了这些症状外，还可能产生抑郁症、强迫症、精神异常，严重时会损伤身心健康。

打骂责罚会让男生偏离正确的成长方向，关爱才是最有效的"良药"。父母要对男生手淫有一个正确的认识，并帮助他改变这种行为，让他健康、阳光地成长。

第一，不要惩罚和责骂男生。惩罚和责骂不仅不会达到帮助男

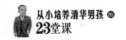
生"戒"掉手淫的目的，反而容易造成他的焦虑和惊恐不安，形成自卑、怯懦、敏感、孤僻等性格，更有可能促使他从手淫中寻求安慰。所以，当发现男生手淫时，父母最好不要说破，以免伤害他的自尊心。而应想办法转移他的注意力，让他在紧张而有趣的活动中，逐渐改正这一不良习惯。

第二，鼓励男生多参加户外活动和体育锻炼，培养他广泛的兴趣爱好，让他把业余时间和精力投入到积极的活动中去。集体活动是让男生消除手淫念头的最好办法，也有利于他在活动中建立良好人际关系，培养他良好的性格，让他开朗、乐观、积极向上。

第三，有意识地培养男生的性卫生习惯。爸爸应该教育男生培养良好的卫生习惯，每天晚上睡觉前都要清洗外生殖器，保持外生殖器的清洁卫生，以防止疾病的产生。若发现男生有不正常反映应及时加以治疗。

第四，要让男生养成良好的作息习惯，按时睡觉、起床。男生手淫常常会发生在睡前和醒后，因此父母不要让他太早睡觉，等孩子疲倦了，有睡意时，再让他上床睡觉。早上男生醒来后，要立即让他起床。

第五，不要让男生穿紧身衣裤，紧身衣裤容易使敏感部位受到刺激而诱发手淫。因此，父母为了男生的健康应给他穿宽松的内衣。

最后，也是最重要的一点，父母要多跟男生沟通，进行感情交流，给他提供一个轻松、愉快、积极向上的家庭环境，让他充分感受到家的温暖和父母的关爱。只要男生情感需要得到满足，就会减轻内心的孤独与紧张，那么用手淫去满足心理需要的行为就会逐渐减少，直至消失。